［対人関係を読み解く心理学］

データ化が照らし出す社会現象

松井 豊 監修
畑中美穂・宇井美代子・髙橋尚也 編

サイエンス社

はじめに

　本書は,『対人関係を読み解く心理学——データ化が照らし出す社会現象』『社会に切りこむ心理学——データ化が照らし出す社会現象』の2巻本のうちの一巻である。それぞれの巻のテーマは対人関係と社会問題と異なっている。また各巻の中でも，各章において実際に扱われている現象はさまざまである。しかし，すべての章に共通している点がある。それは，現象に基づいてボトムアップ式にデータを収集し，データから現象を理解しようとするアプローチである。

　社会心理学に関する良書は多くあり，それらの書籍では社会心理学の根底となる基本的な理論や構成概念が丁寧に解説されている。しかし，私たちの身の回りに生じる現象には，既存の理論だけでは説明できない奥深さや多様性がまだまだ存在している。たとえば，恋愛という現象を見てみよう。恋愛はあまりに私的なこととされ，研究の価値が薄いとみられた時代があった。しかし，巷には恋愛をテーマとする雑誌やドラマ，映画などが多く存在している。この事実から，恋愛は人間の社会生活の中の重要な一側面となっていることが推測される。恋愛はそれぞれの恋人同士が営む独自性のある非常に私的な関係である。一方，ドラマや映画を見たり，時には感動したりするのは，そこに恋愛の普遍性を見ているのかもしれない。

　こういった現象を理解していくためには，理論から仮説を導出し，現象を追究していくトップダウン式の研究だけでなく，現象に関するデータを丹念に収集し，分析し，そして分析結果から人間の行動の一般性や普遍性を導き理論化していく，というボトムアップ式の研究も必要となる。ボトムアップ式の研究では，私的でささいなこと，あたりまえで研究の価値が薄いと考えられがちなこととして研究されてこなかったために理論が十分に確立されていない現象や，情報機器の発達などによって社会状況がめまぐるしく変化する中，これまでの社会には存在していなかった新規な現象などを開拓していくことが可能となる。

　本書では，それぞれの章，あるいはコラムにおいて，各執筆者が興味・関心をもった現象に対して，ボトムアップ式に進めてきた研究の過程を記している。

はじめに

興味・関心を抱いた現象に対して，先行研究での知見を整理し，先行研究で説明されていないことを明確にし，面接調査や質問紙調査や実験，また雑誌の分析などからデータを丹念に積み重ね，複数の研究から現象を理論化していく過程をご覧いただけるだろう。

『対人関係を読み解く心理学――データ化が照らし出す社会現象』では，日々の暮らしの中で接する「他者との関係性」「他者とのかかわりの中でとられる行動」「スキル」に関する研究を紹介する。具体的には，「他者との関係性」として，友人関係，恋愛関係，先輩・後輩関係，上司・部下関係に関する研究を，「他者とのかかわりの中でとられる行動」として，自己開示，許し，援助行動，集団への所属に関する研究，「スキル」として，対人スキル，恋愛スキルに関する研究を，それぞれ取り上げる。

『社会に切りこむ心理学――データ化が照らし出す社会現象』では，「日常的な出来事」「社会臨床」「政策の基盤」に関する研究を紹介する。具体的には，「日常的な出来事」として，自尊感情の変動，物事を先延ばしにする心理，ファンの心理，大学生のアルバイト，うわさに関する研究を，「社会臨床」として，がん医療，犯罪被害者遺族，被災した人々，また行政職員や消防職員や警察官という援助者に関する研究を，「政策の基盤」として，刑務所の受容，男女の役割・共生，行政と市民に関する研究を，それぞれ取り上げる。

また，それぞれの巻の終章では，ボトムアップ研究から対人関係や社会を読み解き，切りこむ際の詳細や留意点をまとめている。

これから卒業論文や修士論文を書き始める方には，ボトムアップ式により研究を進めていく事例として本書をお読みいただき，ご自分の研究テーマに応用していただければ幸いである。また，本書は社会心理学の初学者の方にも分かりやすいように留意したつもりである。実際には研究をされない方にとっても，本書が自分に身近な現象について理解を深める一助になれば幸いである。

監修者　松井　豊
編者　宇井美代子・畑中美穂・髙橋尚也

目　次

はじめに ………………………………………………………………………… i

第 1 章　友人関係　1

1.1　そもそも友人関係ってなに？ ………………………………………… 1
1.2　友人関係って必要？ …………………………………………………… 13
1.3　ま　と　め ……………………………………………………………… 21

第 2 章　対人スキル　23

2.1　人づきあいのスキル …………………………………………………… 23
2.2　対人スキルが個人や対人関係にもたらす影響 ……………………… 29
2.3　対人スキルと高校生の友人関係 ……………………………………… 36
2.4　個々のスキルと全体的な対人関係 …………………………………… 40

コラム 1　ゆるし ……………………………………………………………… 42

第 3 章　会話場面における開示と抑制
　　　　——話すこと／話さないことの意味　45

3.1　自分のことについて話す——自己開示 ……………………………… 45
3.2　話さないことがもつ意味——会話場面における発言の抑制 ……… 53
3.3　ま　と　め ……………………………………………………………… 61

第 4 章　恋愛関係の開始　63

4.1　恋愛関係の開始にとって身体的魅力は重要 ………………………… 63
4.2　恋愛関係の開始にとって身体的魅力は本当に重要なのか？ ……… 67
4.3　「恋愛心理学」に求められるもの …………………………………… 73

第 5 章　恋愛関係の維持　79

　5.1　相互依存する恋人たち ……………………………………………… 79
　5.2　コミットメントと関係維持 …………………………………………… 82
　5.3　投資モデルやコミットメントに関する近年の研究 ……………… 84
　5.4　コミットメントのネガティブな側面 ………………………………… 86
　5.5　「別れられない」コミットメント …………………………………… 88
　5.6　まとめ …………………………………………………………………… 92

第 6 章　恋愛スキル　93

　6.1　巷にあふれる恋愛テクニック ………………………………………… 93
　6.2　恋愛の悩みの解決法を心理学の研究からとらえる ……………… 94
　6.3　恋愛の悩みの解決法をスキルとしてとらえる …………………… 102
　6.4　恋愛スキルが求められる場面とは ………………………………… 105
　6.5　まとめ ………………………………………………………………… 111

コラム 2　ボランティア ……………………………………………………… 113

第 7 章　サークル集団への所属意識　115

　7.1　サークル集団が研究される理由 …………………………………… 115
　7.2　所属意識とはなにか？ ……………………………………………… 120
　7.3　所属意識はどのように形成されるのか …………………………… 126
　7.4　まとめ ………………………………………………………………… 134

第 8 章　部活動・サークル集団における先輩後輩関係　135

　8.1　部活動・サークル集団における先輩後輩関係とは …………… 135
　8.2　部活動・サークル集団に所属する意義 1──活動・人間関係・緩さ
　　　　 ……………………………………………………………………… 136

- 8.3 部活動・サークル集団に所属する意義2――成長の機会 …… 137
- 8.4 部活動・サークル集団の性質（特徴）………………………… 138
- 8.5 サークル集団内の対人行動の実態 …………………………… 139
- 8.6 部活動・サークル集団における先輩後輩関係の公正性の認知
  ……………………………………………………………………… 145
- 8.7 まとめ …………………………………………………………… 146

コラム3　上司による部下育成行動 ……………………………………… 147

第9章　ボトムアップ研究から対人関係を読み解く　149
- 9.1 本書の概観――対人関係というテーマ ……………………… 149
- 9.2 トップダウン・アプローチとボトムアップ・アプローチ …… 150
- 9.3 ボトムアップ・アプローチの魅力と留意点 ………………… 153

コラム4　ボトムアップ・アプローチで恋愛研究をしてきて ………… 155
- 9.4 終章の最後に――ボトムアップ研究を進めるときに後押ししてくれた言葉 ………………………………………………………… 157

お わ り に …………………………………………………………………… 159
引 用 文 献 …………………………………………………………………… 161
人 名 索 引 …………………………………………………………………… 177
事 項 索 引 …………………………………………………………………… 179
執筆者紹介 …………………………………………………………………… 181

第1章
友人関係

丹野宏昭

　1960年代後半に発刊され現在も愛読者の多い「週刊少年ジャンプ」の三大テーマは「友情・努力・勝利」であった。2018年現在のアニメや映画のヒット作品でも，少年たちの友情が描かれたものは多い。「友情」は，青春小説や少年漫画，ドラマや映画などにおいても，古くから欠かせないキーワードだった。これらを鑑みると，どうやら友情は崇高で美しく，かけがえのないものであり，人間にとって大切な宝物のようなものととらえられているようである。

　友人関係や友情は，いつの時代も私たちの身近にあり，人生における重要なトピックの一つであり続けているといってよさそうだ。しかし一方で，「最近の友人関係は薄っぺらいものになっている」という言説があったり，インターネット上には「友達なんかいらない」という主張が散見されたりする。では，現代では友人関係の価値が低くなったのだろうか。

　この章では友人関係・友達・友情といったキーワードに関して論じていく。「友情とはなんなのか」「友人関係はなぜ重要なのか」「会わなくても友人関係は成立するのか」「オトナに友人は必要なのか」といった，友人関係における素朴で根本的な議論について，先行研究や社会調査結果をもとに考えていく。

1.1　そもそも友人関係ってなに？

　友人（友達）という言葉を国語辞典（『大辞泉』）で調べてみると「互いに心を許し合って，対等に交わっている人。一緒に遊んだりしゃべったりする親しい人」と示されている。では，私たちは友人すべてと本当に心を許しあうことができ，対等に交わり，一緒に遊んだりしゃべったりして，親しい関係を築いているのだろうか。

1.1.1 友達とはこういうものらしい

実際に私たちは友人や友情をどのような存在ととらえているのか。「友人・友情とはなにか」という素朴な疑問については，心理学の領域においても古くから研究がなされてきた。たとえばラ・ガイパ（La Gaipa, 1977）は，欧米の青年を対象とした調査から，一般的な友人関係を構成する因子として，「互いに自分のことを開示する（自己開示）」「類似点をもつ（類似性）」「互いのことを理解しあう（共感的理解）」「困ったときに支えあう（支援）」「互いの良い点を認める（受容）」「互いに関心をもつ（肯定的関心）」「信頼できる存在であり続ける（人格的強さ）」「互いに信頼する（信頼）」の8つを抽出している。同様にデイビス（Davis, 1985）も欧米の青年を対象とした調査から，一般的な友人関係の成分として，「互いに敬意をはらう（尊敬）」「信頼できる（信頼）」「誠実でいる（信任）」「秘密や悩みを打ち明けあう（相互理解）」「助けがいるときは助けあう（支援性）」「互いに楽しさを与える（娯楽性）」「互いの価値を認め合う（受容）」「自発的に行動を共にする（自発性）」の8つを抽出している。なおデイビス（1985）は，これらの友人関係の要素に，「情熱：性的魅力，排他性，独占欲など」と「世話：相手に尽くしたい，擁護したい欲求など」が加わったものが恋愛であると指摘している。とくに恋愛関係の排他性，すなわち第三者の介入を避けて関係の拡充を拒否し，二者だけの関係に限定しようとする点は，友人関係と大きく異なる点である（遠矢，1996）。複数の相手と友人関係をもつことは一般的に許される一方で，複数の相手と同時に恋愛関係をもつと非難を受ける。このように，友人関係と恋愛関係とはその形態にも差異がある。

上述の研究をまとめると，どうやら**友人関係**とは「信頼・尊敬・受容できて，互いに理解しあえて，困ったときに支えあえて，自分のことを深く話せて，互いに楽しい関係」であり，複数の相手とも同時に関係を形成できる拡充性をもっている。先述の辞書上の「友人（友達）」の説明とも合致する部分が多い。つまり，上述のような関係性が「真の友人関係」なのだ，とも考えられる。それでは実際に，現代日本の若者は友人関係をどのようにとらえているのだろうか。

女子高生1,000名を対象に行ったアンケート（シンデレラ総研，2017）では，「どこからが友達だと思う？（複数回答可）」という質問に対して，選択率がもっとも高かった回答は「休み時間に話したり遊んだりする」(68.3%) であった。次いで「放課後一緒に帰ったり，遊んだりする」(47.6%)，「くだらない話で笑い合える」(44.3%) となっていた。この結果をみると，確かに現代の女子高生にとっての友人関係とは，一緒に遊んだりしゃべったりする親しい関係性のように受け取れる。一方で同じ質問への回答では，「自分の悩みを相談できる」(22.1%)，「お互いの嫌なところも言い合える」(16.2%)，「一緒に泣ける」(12.2%) などの選択率は低かった。こちらの結果をみると，少なくとも現代の女子高生は，すべての友人と互いに心を許しあっているとはいえない。また，同アンケートの「どこからが親友だと思う？」という質問に対しての回答では，「自分の悩みを相談できる」(76.9%)，「くだらない話で笑い合える」(62.4%)，「お互いの嫌なところも言い合える」(57.6%) は選択率が高かった。こちらの結果を見ると，現代の女子高生にとって親友は，ただの友人とは違って，互いに心を許しあえる存在のようである。つまり，明らかに友人と親友とを別の存在としてとらえている。

また，このアンケートでは「あなたが友達だと思う人は何人いますか」「あなたが親友だと思う人は何人いますか」という質問をそれぞれ行っている。その結果，友達の人数は「21〜40人」(40.8%) という回答がもっとも多く，次いで「11〜20人」(19.0%)，「41人以上」(18.8%) となっていた。親友の人数は「2〜5人」(71.2%) という回答がもっとも多く，次いで「1人」(16.6%) となっていた。なお，この結果は女子高生に限らず，他の社会調査結果を概観しても親友の人数に関してはおおよそ0〜5人程度に収束している（宮木，2013など）。親友の人数はおおよそ少数である一方，友人の数は調査によって結果のばらつきが大きいが，一貫して親友の人数より多い。これらの結果からも，親友は「特別な，ごく少数の限られた友人」であるといえる。1人がもつ親友の人数がごく少数であるということは，親友関係は恋愛関係のように排他性を有するとも推測できる。つまり，ただの友人に他の友人ができてもとくになんとも思わないが，親友に他の親友ができると嫉妬や独占欲のようなものが生じ

ているのかもしれない。もしくは単純に，親友とは作ることが非常に難しい希少な存在である可能性もある。ともあれ，ただの友人と親友は，どうやら異なる存在としてとらえられているようである。

それでは友人と親友とでは，何が違うのだろうか。どうすれば親友関係を形成することができるのだろうか。それを考えていく上で，親密化過程の段階理論からとらえるのが有効である。

対人関係の変化について，関係形成から維持や深化，あるいは疎遠化や崩壊にいたるまでの一連の過程を**親密化過程**という。友人関係においても関係性は一定ではなく，関係が深まったり，逆に疎遠になったり，崩壊したりする。要するに，友人と仲良くなったり，仲が悪くなったりする。段階理論では，親密化過程をいくつかの段階に分割し，それぞれの段階の特徴の差異を示すというアプローチをとる。この**親密化過程の段階理論**に基づけば，親友関係とは，特定の友人との関係が深化して，他の友人とは異なった特別な存在へと変化したものだといえる。代表的な親密化過程理論にアルトマンとテイラー（Altman & Taylor, 1973）の社会的浸透理論がある。**社会的浸透理論**では，互いに適切な自己開示がなされることで関係性が深化し，関係性が深化すると互いに自己開示できる情報が深くなると説明している。この理論をもとに下斗米（1990）や丹野他（2005）は，友人関係を「顔見知り」「友人」「親友」の3つの段階に分割して，大学生がそれぞれの相手にどれくらい自己開示しているか調査を行った。その結果，友人関係が深化するほど自己開示の量と深さは増し，「顔見知り」「友人」よりも「親友」に対してもっとも自己開示をしていることが確認された。下斗米（2000）はこれらの研究結果をふまえて，友人関係では自己開示によって互いの情報を確認しあい，相互の類似性と異質性を確認することで理解を深め，役割の分担が行われることで親密化していくと指摘している。つまり友人関係において，出会ったばかりの関係初期には心を許しあえないため深い話などはしにくいが，少しずつ互いに自分のことを話しながら心を許していき，関係性が深まるにつれ深い話ができるようになり，かけがえのない親友へと変化していくとまとめられる。自分のことを相手にどの程度開示することができるかが，ただの友人関係なのか親友関係なのかを区別する基準である

といえる。

　以上のように，友人との関係性は変化していき，関係が深化すれば親友とカテゴライズされる特別な存在にもなりうるし，逆に関係が疎遠化・崩壊する可能性もある。友人関係は，互いに心を許して深い話や悩みの相談を期待する仲にもなりうるし，軽いおしゃべりや一緒に遊ぶことだけを期待する仲にも留まりうる。かけがえのない親友もいるかもしれないが，そこそこにしか心を許せないような友人もいる。恋愛関係とは違って友人関係には拡充性があるから，一人ひとりが親密化の段階の異なる複数の友人関係を同時に形成することができるのである。

1.1.2　現代日本の若者の友人関係の特徴は？

　リツコ「シンジ君って，どうも友達作るには不向きな性格かもしれないわね。ヤマアラシのジレンマって話，知ってる？」

　ミサト「ヤマアラシ？　あの，トゲトゲの？」

　リツコ「ヤマアラシの場合，相手に自分のぬくもりを伝えようと思っても，身を寄せれば寄せるほど身体中のトゲでお互いを傷つけてしまう。人間にも同じことが言えるわ。今のシンジ君は，心のどこかで痛みにおびえて臆病になっているんでしょうね。」

　ミサト「ま，そのうち気づくわよ。オトナになるってことは，近づいたり離れたりを繰り返して，お互いが余り傷つかずにすむ距離を見つけ出す，ってことに。」

（『新世紀エヴァンゲリオン』より）

　上述のやりとりは，社会現象ともなった大ヒットアニメ『新世紀エヴァンゲリオン』での一幕である。このアニメの主人公，碇シンジは，内気で他者とのコミュニケーションが苦手な少年である。このシーンは，シンジの保護者役で上官の葛城ミサトと，ミサトの同僚の赤木リツコの会話である。

　このセリフにあるヤマアラシのジレンマとは，人間関係での距離感の葛藤のことをさしている。もともとは上述のリツコのセリフにある寓話（Schopenhauer, 1851 秋山訳 1973) から生まれた言葉である。人間関係において居心地のよい距離感や親密さを模索して「接近したい―離れたい」という葛藤状態の説明として，フロイト（Freud, 1921）やベラック（Bellak, 1974）が**ヤマアラシのジレンマ**という表現を用いている。そして藤井（2001）は，現代日本の若者の友人関係の特徴がまさに，ヤマアラシのジレンマのようであると指摘している。藤井（2001）は大学生を対象とした調査から，現代日本の青年の友人関係に「近づきたい―近づきすぎたくない」「離れたい―離れすぎたくない」という相手との心理的距離を模索する葛藤があることを示した。前項で述べたように，友人関係は親密化すると心を許せる親友関係となり，かけがえのない存在となる。しかし，友人関係が親密化するためには，こういった「傷つかない距離感」をなんとか縮めるか飛び越えるかする必要がある。

　それでは，現代の若者は「傷つくことを恐れずに友人と親密になりたい」とは考えていないのだろうか。それとも友人との深い関係性を希求しているが，それが上手くいっていないだけなのだろうか。どのような関係性を求めており，どのようなつきあい方をしているのだろうか。

　日本の若者が友人とどのようなつきあい方をしているかについて，岡田（1993, 1995, 2005, 2007）は大学生を対象に調査を行い，その結果から友人とのつきあい方を3つのパターンに分類した。1つ目のパターンは，深刻さを避けて楽しさを志向する「**群れ傾向**」である。多人数と娯楽的で表面的な関係性を求めるが，深い交流までは踏み込まない群である。2018年現在の若者用語でいうと「パリピ（party people）」のイメージに近い。2つ目のパターンは，深い親密さを求めるが互いに傷つけないように気を遣う「**気遣い傾向**」の群である。先ほどのヤマアラシのジレンマに悩み，徐々に友人との距離感を縮めたり飛び越えたりしたいと模索している群といえる。そして3つ目は他者と距離をおき内面的な関係を求めない「**関係回避傾向**」の群である。

　この結果から岡田（1993）は，現代青年の特徴として，「深く自己を開示して心を許しあうことを希求する青年」ばかりではなく「楽しさを求めて友人といつも一緒にいる表面的なつきあい方を望む青年」や「そもそも友人との親しい関係性を回避する青年」も多いと論じている。つまり，現代の若者は，みん

ながが親友を求めているわけではないし，友人関係を回避したいと考えている者も少なからずいるようだ。本章の冒頭で述べたように，少年漫画などで若者の友情が崇高で美しくかけがえのないものであるように描かれることは多いが，実際はそのような友情を築くことは簡単ではないし，そもそもそれを全員が望んでいるわけでもない。

それでは，このような友人関係の特徴は現代日本の若者特有なのだろうか。それとも，全世界の若者が共通してこのような特徴をもっているのだろうか。

この疑問について，日本を含む7カ国で行われた若者（13～29歳）の意識調査に興味深いデータがある（内閣府，2014）。日本の若者に「どんなときに充実感を感じるか」を尋ねたところ，「友人や仲間といるとき」（80.3％）の回答は，「恋人といるとき」（89.8％），「趣味に打ち込んでいるとき」（87.6％）に次いで『あてはまる』（「あてはまる」＋「どちらかといえばあてはまる」）の選択率が高かった（図1.1）。そしてこの「友人や仲間といるとき」の回答は，「他人にわずらわされず，一人でいるとき」（69.1％）に充実感を感じると答えた割合よりも高かった。現代日本の若者は，一人でいるよりも友人と一緒にいたほうが充実感を感じる割合が高いようである。

一方で「友人や仲間といるとき」に充実感を感じると回答した割合を他国と比較すると，日本は韓国に次いで低い割合となっていた（図1.2）。どうやら欧米と比較すると，日本や韓国は友人との関係から充実感を感じる度合いが低いようである。さらに，友人との関係に「満足を感じているか（図1.3）」「安心を感じているか（図1.4）」についても尋ねているが，日本は他国に比べると著しく「あてはまる」割合が低い。つまり国際的にみると，日本の若者は他国に比べると，友人関係が充足されていない。

以上の議論から，現代日本の若者の友人関係の特徴は次のように推測される。たしかに日本の若者の友人関係は欧米等に比べると，不満や不安が多く，苦しい部分が多いのかもしれない。一方で，一人でいるよりも友人と一緒にいるときのほうが充実感を感じる割合も多く，親密な友人関係を必ずしも望んでいないわけではない。しかし，内面的で深いかかわり方によって自分と友人が傷つけあうことになることを恐れており，なかなか親密な友人関係を形成しにくく

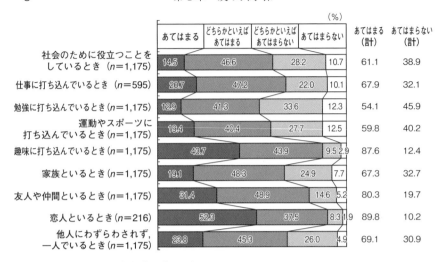

図 1.1　日本の若者が充実感を感じるとき（平成 25 年度 我が国と諸外国の若者意識に関する調査：内閣府，2014）

注：「あてはまる（計）」は「あてはまる」と「どちらかといえばあてはまる」の計を，「あてはまらない（計）」は「あてはまらない」と「どちらかといえばあてはまらない」の計を，それぞれ表す。図 1.2 も同様。

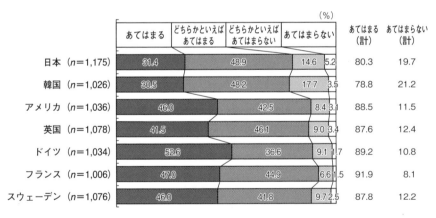

図 1.2　「友人や仲間といるとき」に充実感を感じる割合（平成 25 年度 我が国と諸外国の若者意識に関する調査：内閣府，2014）

傾向にある。

　前項では自己開示によって互いの内面を徐々に曝け出すことで，心が許せる親友関係へ深化していくと述べた。ところが，内面を曝け出すことも，心を互

1.1 そもそも友人関係ってなに？

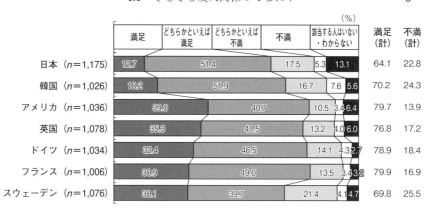

図 1.3 友人関係の満足感（平成 25 年度 我が国と諸外国の若者意識に関する調査：内閣府，2014）
注：「満足（計）」は「満足」と「どちらかといえば満足」の計を，「不満（計）」は「不満」と「どちらかといえば不満」の計を，それぞれ表す。

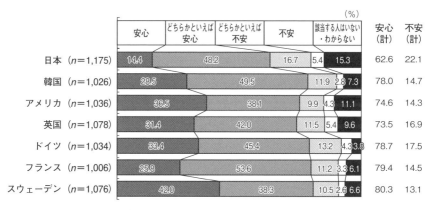

図 1.4 友人関係の安心感（平成 25 年度 我が国と諸外国の若者意識に関する調査：内閣府，2014）
注：「安心（計）」は「安心」と「どちらかといえば安心」の計を，「不安（計）」は「不安」と「どちらかといえば不安」の計を，それぞれ表す。

いに許すことも，現代日本の若者はとくに抵抗があり苦悩しているようだ。なお，現代日本の若者のこのような様子について，「インターネットの情報技術が進化し，SNS などの発展によって，顔を合わせないコミュニケーションが増えたせいで，最近の若者は深いつきあい方が苦手になった」と考える人もい

るだろう。ところが「日本人の人間関係は希薄になった」という指摘は，インターネットが普及するよりもずっと昔から存在している（小此木，1978など）。現代の日本人は情報技術の変化の影響で加速度的に人間関係が希薄になっているのか，それとも大昔から変わらず希薄なままなのか，さまざまな議論があるため，軽々に結論は述べにくい。少なくとも現時点でいえることは，現代日本の若者は友人関係について悩んだり苦しんだりして親密になっていったり，はたまた最初から距離を置いたりするなど，自分が適応できる位置を模索し続けているようにみえる。

1.1.3 「会わなくても友達」なんてありえる？

　前項でも述べたように，さまざまな調査の結果から，日本の若者が友人との距離感に悩んでいる様子と同時に，友人と一緒にいることで充実感を感じていたり，友人と話したり一緒に遊んだりして楽しむことを望んでいる様子もまた明らかになった。つまり，私たちは「身近にいて，よく一緒にいて，遊んだり楽しんだりする，関わりの多い者」を友人として想定しやすい。しかし，私たちにとってすべての友人が「ふだんからよく会う友人」ではない。前項では友人関係は親密にもなるし疎遠にもなると述べたが，会わなくなった友人は，どのような存在として位置づけられるのだろう。

　どうやら若者にとって，友人は，近くにいてよく会う相手を想定しやすい。たしかに高校生までは，友人関係のほとんどを学校場面で形成するために，物理的な距離が近く，接触頻度の高い友人関係がほとんどである（藤崎，1998）。一方で大学生になると，大学内で形成される友人のほかに，「過去（高校まで）に形成されたが，なかなか会わなくなった友達」といった接触頻度の低い友人関係も多くもつようになる（和田，2001）。すなわち，青年期以降においては大学内で形成されるような接触頻度の高い「ふだんからよく会う親密な友人」と，高校までなどに形成されて現在は接触頻度の低い「めったに会えないが親密な友人」も存在している。

　しかし先述のように，私たちがまず想定する友人は「ふだんからよく会う友人」であり，その友人に対しては，一緒に遊んだり話したりなどの接触を少な

からず求めている。では，一緒に遊んだり話したりすることが難しい「めったに会えないが親密な友人」には，なにを求め，どのような存在だととらえているのか。

　丹野（2007）は大学生を対象に調査を行い，日本の青年が「ふだんからよく会う親密な友人（High Interaction；HI 友人）」と「めったに会えないが親密な友人（Low Interaction；LI 友人）」をそれぞれどのようにとらえているか調べている。大学生 306 名（男性 166 名，女性 140 名）を対象とした質問紙調査を行い，特定の「ふだんからよく会う親密な HI 友人」と「めったに会えないが親密な LI 友人」の想定を求め，2 つの友人関係におけるつきあい方や関係性を比較した。

　結果，「ふだんから会う機会の多い，親しい同性の友人（HI 友人）」がいると回答したのは 95.1%，「会う機会は年に数回以下だが，親しい同性の友人（LI 友人）」がいると回答したのは 87.8% であった。この結果から大学生はふだんからよく会う HI 友人だけでなく，めったに会えないが親密な LI 友人もいることが明らかとなった。

　次に，HI 友人と LI 友人とで友人との関係性にどのような差がみられるか，また男女差についても検討した（比較した関係性の項目を**表 1.1** に示す）。その結果，「支援性」「活動の共有」はふだんからよく会う HI 友人のほうが高く，「安心」「相互理解」「関係継続展望」はめったに会えないが親密な LI 友人のほうが高かった。さらに，「安心」「気楽さ」「相互理解」「重要性」「尊敬・信頼」「関係継続展望」「情緒的結びつき」「相談・自己開示」「支援性」「肯定・受容」「学習・自己向上」「人生の重要な意味」は女性のほうが男性よりも高かった。

　以上の結果から，ふだんからよく会う HI 友人関係では，日常生活で得られる支援が多く，一緒に活動をする頻度が高かった。その一方で，めったに会わない LI 友人関係は安心感が強く，お互いのことを理解しており，関係が長く持続するととらえられていた。めったに会えない LI 友人関係は，毎日のように顔を合わせる HI 友人関係とは異なり，相手との衝突や関係の悪化が生じる恐れが弱く，安心感の強い関係が長く続くととらえられているためであると考えられる。

表1.1　友人関係機能尺度の代表項目（丹野，2007より抜粋）

側面	代表項目
安心	彼（女）との関係は，とても安心する
気楽さ	彼（女）と一緒にいると，なんとなく楽だ
相互理解	彼（女）の性格は，よく理解している
重要性	彼（女）は，なくてはならない友人である
娯楽性	彼（女）と一緒にいると，楽しい
尊敬・信頼	彼（女）を，尊敬している
類似性	彼（女）とは，考え方が似ている
関係継続展望	彼（女）は，生涯の友となると思う
情緒的結びつき	彼（女）は，いわゆる「心の友」である
相談・自己開示	彼（女）は，よい相談相手である
支援性	彼（女）は，ふだんから私を助けてくれる
ライバル性	彼（女）は，いわゆる「ライバル」のような存在である
肯定・受容	彼（女）は，自分の存在を受け入れてくれる
学習・自己向上	彼（女）との関係は，自分を精神的に成長させてくれる
人生の重要な意味	彼（女）は，自分の人生を語る上で欠かせない存在である
活動の共有	彼（女）とは，一緒によく遊ぶ

　また，多くの側面で女性は男性よりも得点が高く，より「深い」友人関係となっていた。女性のほうが男性よりも友人関係が活発で深いという示唆は，友人関係の性差を検討している先行研究（たとえば和田，1993）とも整合している。

　このように，青年の友人関係においては，ふだんからよく会う友人とめったに会えない友人それぞれとの関わり方は異なるし，そもそも期待する事柄も違う。めったに会えない友人とは傷つけあったり関係が悪化する可能性が低く，安心感があり，長期的な関係性を期待しているようである。遠く離れていて，めったに会えない存在であっても，ずっと親友関係であり続けると安心していたいのかもしれない。つまり友人とは，ふだんの生活で一緒に遊んだりしゃべったりするような存在だけをさすのではなく，会うことがなくてもなんらかの影響を私たちに与え続けるような友人も存在している。

1.2 友人関係って必要？

 前節の通り，私たちにはさまざまな友人が多かれ少なかれいる。丹野（2007）の調査結果でも，シンデレラ総研（2017）の調査結果でも，一人以上の友人をもつ青少年が大多数である。そして，「友人関係が重要である」という考えは一般に共通してもたれており，暗黙の了解とされている。

 しかし「友人関係が重要であるのはなぜか」と考えてみると，その理由を明言するのは難しい。人間にとって友人が必要な理由は，心を打ち明けあう相手が必要だからなのだろうか。一人ではクリアできない問題が存在するから協力しあえる相手を欲するからなのか。一緒に遊ぶ仲間が必要なのか。友人がいるという安心感がほしいのか。一人で外食したりカラオケに行くのが恥ずかしいからなのか。それとも本当は，友人が重要であるという幻想に囚われているだけなのだろうか。

 前節でも述べたように，私たちは友人関係に必ずしも満足したり安心したりできているわけではない。むしろ思い悩んだり苦しんだりすることもある。それにもかかわらず，私たちはなぜ友人関係を形成しようとするのだろう。

1.2.1 友達がいて良いことなんてある？

 そもそも友人関係が私たちにもたらす影響とはなんだろうか。友人関係は私たちの生活になんらかの良い機能をはたしているのだろうか。

 このような疑問から，友人関係が私たちの生活や適応的発達にもたらす影響を検討した研究がいくつかある。まず松井（1990）は，青年期の友人関係研究を概観し，友人関係は青年が社会化するために3つの機能をはたしているとまとめた。第1に，友人関係が青年の不安や問題を解消する助けとなり，自我を支える役割を果たす「**安定化機能**」である。第2に，友人関係が，他者一般に対する相互作用の技術を学習する場となる「**社会的スキル学習機能**」である。第3に，友人関係から新しい生き方や考え方を取り入れることによって，友人関係が自分の人生観や価値観を広げる助けとなる「**モデル機能**」である。青年はこれらの友人関係の機能により，オトナとして社会に出る準備を整えている

と指摘している。

またダック（Duck, 1991）は友人関係の機能として，①友人関係によって，人とのつながりを感じられる「同盟感の獲得」，②友人関係において，自分と他者の反応を比較し，それによって安定感を得られる「感情の安定」，③友人との関わりあいによる「コミュニケーション欲求の充足」，④友人と相互に物理的・心理的な援助を与えあう「サポートの提供」，⑤友人関係を通じて，自分の有用性と価値に自信をもたせてくれる「自尊心の維持」，⑥友人関係を通じて，自分の思考や信念に自信をもたせてくれる「人格の支え」の6つをあげている。

さらに永田（1989）は，児童の心の成長に果たす友人関係の機能として，①友人関係を通じて自己の思い通りにならない世界の存在を知る，②友人関係を通じて自己と異なる立場の存在を知る，③友人関係を通じてこれまでにない新しい視点を知る，④友人との対立を経験し，その後のより深い他者との相互作用を知る，の4点をあげている。

これらの研究をまとめると，どうやら青少年にとって友人関係は，安心・安定・充足をもたらし，他者との関わり方を学習する場であり，身近なモデルであったりする。人間が社会的に発達する上で，友人関係は「必要な場」であるようだ。

また，友人関係は精神的適応にも良い影響をもたらしていることが，多くの心理学的研究から明らかにされている。友人関係と関連が指摘されている適応指標として，ストレス（福岡・橋本, 1997など），生活満足感（高倉他, 1995），自尊感情（鈴木, 2002），孤独感（中野・永江, 1996）などがあげられる。いずれの研究においても，適切な友人関係を形成していると，個人の適応に良い影響があると示されている。つまり，適応的な生活において友人関係は欠かせず，たしかに友人関係は重要なように思える。

1.2.2 「会わない友達」なんて必要？

どうやら友人関係は，精神的適応や社会的発達において重要な機能をはたしているようである。ふだんの友人との関わりによって，私たちのふだんの生活

は適応的なものになっているといえそうだ。それでは，めったに会えない親密な友人は，なぜ大切なのか。めったに会えない友人の存在は，私たちの生活や人生にどのような恩恵をもたらしているのだろうか。

丹野（2009）は，大学生を対象に調査を行い，「ふだんからよく会う親密な友人（HI友人）」と「めったに会えないが親密な友人（LI友人）」が青年の精神的適応にどのような影響をもたらしているかを調べている。大学生 315 名（男性 165 名，女性 150 名）を有効回答者とした質問紙調査を行い，HI 友人と LI 友人の想定を求め，それぞれの友人との関わり方と満足感が，精神的健康および生活充実感にどのような影響をもたらしているかを検討した。

分析の結果（**図 1.5**，**図 1.6**），男子大学生と女子大学生のどちらも，ふだんからよく会う HI 友人関係の「肯定・受容」が，充実感に影響していた。「肯定・受容」は，「自分の存在を受け入れてくれる」「自分の良い部分を認めてくれる」といった成分である。大学生はふだんからよく会う友人が「相手が自己の良い部分を認めてくれる」ことで，日常生活が充実したものとなっていると考えられる。また，男子大学生にとっては，友人とふだんから一緒に遊んだり，

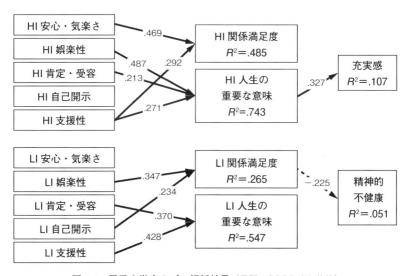

図 1.5　**男子大学生のパス解析結果**（丹野，2009 より抜粋）

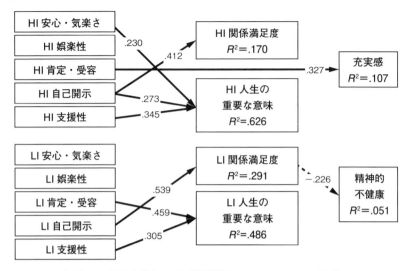

図 1.6　女子大学生のパス解析結果（丹野，2009 より抜粋）

支援しあうこともまた日常生活の充実において重要である。

　さらに，男子大学生と女子大学生のどちらも，めったに会えないが親密な LI 友人関係の「自己開示」が「関係満足度」を増し，精神的不健康を軽減していた。「自己開示」は，「何でも話せる」「よい相談相手である」といった成分であることから，大学生は LI 友人と自己開示を通じて心を許しあい，親友としての関係性を形成することで，心理的適応の悪化が抑えられていると考えられる。

　前項でも述べた通り，私たちは友人との自己開示を通じて関係性を深め，心を許しあうようになり，親友関係となっていく。丹野（2009）の結果から，たとえめったに会えなくても心を許せる親友がいることが，心の支えとなっていると推察される。私たちは，ふだんからよく会っている友人と自己開示しあって親密になり，その後めったに会えない状況になっても親友関係であり続けることを求めているのかもしれない。しかし一方で，先述のヤマアラシのジレンマの例のように，私たちは他者との距離感に悩み続ける。そのため，なかなか心を許し合うことが難しく，親友関係と呼べる関係性を形成することができない。会えなくても心の支えとなる親友の存在は，自分自身が決して孤独ではな

く，自分の評価を維持し，自分の人生を位置づける上で，大切な意味をもっているようだ。

1.2.3 オトナに友達なんて必要？

　ここまでは青少年の友人関係について述べてきた。それでは成人期以降の「オトナの友人関係」はどうなのだろうか。本章の冒頭では「週刊少年ジャンプ」の三大テーマなどを引き合いに，青少年の友人関係が崇高なものとして扱われてきたことを述べた。また前項では，青少年期の友人関係が私たちの生活や発達にどのような機能をはたしているのかを述べた。それでは，成人期以降の友人関係にはどのような特徴があるのだろうか。

　先に明言するが，成人期以降の友人関係研究は少ない。心理学分野における友人関係の研究を調べても，青年期以前を対象としたものが大多数であり，成人や高齢者を対象とした研究の比率はきわめて低い。成人期以降の友人関係研究が少ない理由として以下の4点があげられる。第1の理由として，青年期以降に形成される友人関係は，どちらかというと職業的利害関係が中心となり，友人関係としてとらえられにくい関係になること（岡田，1992）があげられる。第2の理由として，青年期までは「対等な他者」が多く存在する学校場面を主な生活環境としているために友人関係が形成されやすいが，成人期以降は青年期とは環境が異なるために友人関係が形成されにくいこと（藤崎，1998）があげられる。第3の理由として，友人関係の構築が重要な発達課題となる青年期（奥田，1996）に対して，成人期は結婚や出産など，新たな家族関係の構築が重要な発達課題となる（関，1999）ため，友人関係の重要度が低くとらえられる点があげられる。第4の理由として，心理学研究者は大学生を対象とした実証研究は比較的行いやすいが，成人期以降を対象とした実証研究は比較的行いにくいという，研究実施上の制限がある点があげられる。

　このように心理学分野において，成人期以降の「オトナの友人関係」は，青年期以前に比べると注目されてこなかった。一方で社会学や老年学の領域においては，主にソーシャル・サポートやソーシャル・ネットワークの研究で，老年期の友人関係が検討されてきた。これらの研究では，家族関係や夫婦関係が

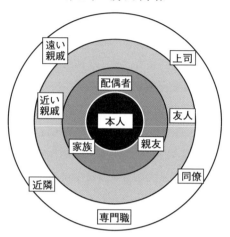

図 1.7　コンボイ・モデル（Kahn & Antonucci, 1980）
中心（本人）に近いほど，生涯に渡って安定的で役割依存的な対人関係を示す。

適応にもたらす効果と並んで，友人関係が高齢者の適応にもたらす効果も重要視されている。たとえばカーンとアントヌッチ（Kahn & Antonucci, 1980）は，実証的検討に基づき，高齢者をとりまく各種の対人関係を，その機能的特徴や役割依存性をもとに構造化したモデル（**コンボイ・モデル**）を提唱した（**図 1.7**）。このモデルでは，親友関係は家族関係や夫婦関係と並んで老年期においてもっとも重要な対人関係であり，友人関係は近親関係と並んで老年期において 2 番目に重要な対人関係であると位置づけている。さらに，リトワク（Litwak, 1985）が提唱した課題特定モデルでは，高齢者のソーシャル・サポートを実証的に検討し，友人関係特有の役割として，「交流（趣味や会話を楽しむ）」によって適応を促進する機能があるとまとめられている。

　それでは実際に，日本のオトナは友人関係を必要としているのだろうか。**図 1.8** は内閣府が行った調査で，20 歳代から 70 歳以上の男女を対象に「充実感を感じるときはどのようなときか」という質問に対して，「家族との団らんの時」「友人や知人と会合，雑談している時」と回答した割合である。このグラフをみると，20 歳代のころは「友人＞家族」であるが，30 歳代以降に「家族＞友人」となっていることがわかる。そして 60 歳代以降になるとまた友人関

1.2 友人関係って必要？

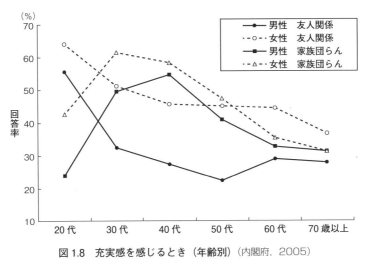

図 1.8 充実感を感じるとき（年齢別）（内閣府, 2005）

係の重要度が増していると読み取れる。すなわち，青年期までは友人関係が重要だが，成人期になると友人関係の重要度が下がり，老年期になるとまた友人関係の重要度が増している。老年期に友人関係の重要度が増す理由は，退職によって余暇の時間が増えたり，友人関係が形成されにくい職場環境を離れたり，子どもの発達などにともない家族関係に費やすコストが低減するためであると考えられる。このように，青少年だけでなく，高齢者にとっても友人関係は再び重要なものになっている。

それでは，高齢者の友人関係にはどのような特徴があるのだろうか。コニディスとデイビス（Connidis & Davis, 1992）は，高齢者の友人関係を「活動の共有・娯楽の相棒（Companions）」と「心から信頼する相手（Confidants）」に分類し，それぞれが高齢者の適応的生活に異なる機能をはたしていると指摘している。すなわち，高齢者もまた，「ふだんからよく会う友人」だけでなく，長いつきあいの「めったに会えないが親密な友人」を大切にしている。前項の調査によって，青年の適応的生活において，ふだんからよく会う友人関係と，めったに会えないが親密な友人関係はそれぞれ異なる機能をはたしていることを示した。それでは高齢者にとって，この2種類の友人関係はどのような影響

をもたらしているのであろうか。

　そこで丹野（2009）は高齢者を対象とした調査を行い，2種類の友人関係が高齢者の適応に与える影響を検討した。その結果，ふだんからよく会うHI友人関係では，「娯楽性」「自己開示」が「関係満足度」を増し，充実感に影響していた。めったに会えないが親密なLI友人関係では，「肯定・受容」「自己開示」が「人生の重要な意味」を増し，充実感や精神的健康に影響していた。これらの結果を概観すると，大学生と同様に，ふだんからよく会うHI友人が日常生活の充実感を促進し，めったに会えないが親密なLI友人は精神的不健康を低減していた。高齢者にとっても，めったに会えないが親密な友人は心の支えとして重要であるといえる。

　ではなぜ，高齢者にとって，めったに会えない親密な友人の存在が心の支えとなっているのだろうか。丹野（2009）は，高齢者のめったに会えない親密な友人の多くは長期的な関係であり，同じ過去・思い出を共有している点に注目している。藤田（1999）は高齢者の作文の内容分析から，高齢者の過去の友人関係が，単なる思い出だけの存在ではなく，人生を振り返り，現在の生きがいや自尊感情といった適応状態にポジティブな機能を果たしているとまとめている。つまり，高齢者にとって人生の一部分を共有した親友の存在は，自分自身の人生をポジティブにとらえるために必要なブックマークとなっているといえる。イギリスには「友とぶどう酒は古いほうが良い」ということわざがあるが，関係の長い友人には，つきあいの短い友人関係にはみられない特有の機能があるといえる。

　高齢者の中には，もう何年も会っていないのに年賀状を送り続ける者や，開催される同窓会を心待ちにする者も多い。これらもまた友人との関係性から，過去を懐かしみ，自分の人生の位置づけを受け入れる行為の一環ととらえられる。また近年はSNSの発展などで，遠方にいても簡単に連絡をとりあったり，存在を知り合うことができるようになった。今後の高齢者においてはSNSなどを利用することで，過去を共にした友人との関係性が変容していくのかもしれない。

1.3 まとめ

　この章では「友人関係とはなにか」「友人関係はなぜ必要か」といった素朴で根源的な疑問について，さまざまな社会調査と先行研究結果をもとにして論じた。親友という存在は，青少年にとってだけでなく，それ以降の人生においても，旧来から扱われているように貴重なものといえそうだ。そして親友の存在は，自分の人生に華やかな彩りを加え，会えなくても存在するだけで自身を支えてくれている。しかし，友人関係はたやすく形成・維持されるわけではなく，とくに日本の青年は，距離感の取り方に悩んだり理想と現実のギャップに苦しんだりすることも多い。たくさんの友人候補の中から，とくに心を許して長くつきあえそうな相手を探し出すことになるかもしれない。かけがえがなく貴重な存在であるが，探し出して手に入れるのに困難をともなうという点で，まさしく宝探しのような過程といえる。そう考えると，友情というキーワードが旧来から少年漫画や青春小説で重宝されてきた理由が，なんとなくわかる。

　先述の通り，これまでの友人関係研究は，「青少年」の「ふだんからよく会う友人関係」を対象としたものばかりであった。その理由の一つとして，成人期には結婚や出産などを経て形成される家族関係の重要度が増して，相対的に友人関係の重要度が下がるためだと述べた。しかし現代日本では「結婚しないオトナ」の割合も増している。つまり「オトナの友人関係」の重要度は高くなりつつあると予想される。さらに，日本は超高齢化社会に突入しており，適応的な人生を送る上で，老年期の友人関係のあり方もまた重要度を増していると考えられる。現代日本においては，生涯において大切な存在となる友人関係を形成することが，人生における重要なカギの一つになりつつある。今後，社会全体として，成人期や老年期における友人関係に注目していく流れが起きるのではないだろうか。

第2章
対人スキル

渡部麻美

　日常生活の中で，他者と気軽に関わることができる人もいれば，引っ込み思案になる人や他者との間にトラブルを起こしてしまう人もいる。人づきあいをうまく営んでいく力には個人差がある。人づきあいの力は，その人の対人関係の質を左右するだけでなく，仕事や学業にも影響を及ぼすと考えられており，幅広い分野で個人が備えるべき能力だとみなされている。
　心理学領域では，人づきあいがうまくいく人とうまくいかない人の違いをスキルという観点で明らかにしようとしてきた。人づきあいのスキルがあれば，対人関係が良好になり，個人の人生は充実したものになるのだろうか。
　本章では，心理学において対人関係のスキルがどのように扱われているのかを見ていく。さらに，人づきあいのスキルが実際の対人行動や適応に及ぼす影響について，実証的な研究をふまえながら紹介していく。

2.1　人づきあいのスキル

2.1.1　人づきあいをスキルで表す

　心理学では，個人の人づきあいのうまさを表す際に，スキル（skills）という言葉を使用する。人づきあいのうまくいく人はスキルがある状態，うまくいかない人はスキルがない状態である。アーガイル（Argyle, 1967）は，自動車の運転やスポーツ，楽器の演奏といった運動のスキルと人づきあいのスキルが類似していることをモデルに示した。アーガイル（1967）に基づけば，自動車を運転することやピアノを弾くことと同様に，人づきあいのスキルも練習を重ねることで身につくと考えられる（相川，2009）。

人づきあいのスキルを指す言葉には，**対人スキル**（interpersonal skills），**ソーシャルスキル**（**社会的スキル**；social skills），**コミュニケーションスキル**（communication skills）などがある。ハーギー（Hargie, 2017）は，対人スキル，ソーシャルスキル，コミュニケーションスキルがしばしば交換可能な用語として使用されていると述べている。ハーギー（2017）によれば，対人スキルは，他者と相互作用をする際に人々が用いるスキルとして定義され，人づきあいのスキルを表す言葉の中でも，広い範囲を示す言葉である。本章では，対人関係に関わるスキルを総称する場合は対人スキルという用語を使用し，先行研究を紹介する際には個別の研究で使用されている呼称に合わせた表記をする。

対人スキルと類似した，個人が対人関係をスムーズに営むことを可能にする力を意味する概念として，**社会的コンピテンス**（social competence）がある。社会的コンピテンスはソーシャルスキルとほとんど同じ意味で区別されずに使用されたり，混同されたりすることもある（Hargie, 2006）。社会的コンピテンスは，スキルと表現した場合よりも広い範囲を意味することが多く，しばしばソーシャルスキルが社会的コンピテンスの下位に属する概念として扱われる。例をあげれば，サムター（Samter, 2003）は，社会的コンピテンスとは，個人が保持するさまざまなソーシャルスキルの総体的な発現状態であると述べている。ハーギー（2006）は社会的コンピテンスに適切なソーシャルスキルを選択する能力を含める研究の例を紹介している。その一例であるリッジ（Ridge, 1993）は，社会的コンピテンスを，特定のストラテジーを選び，文脈に合わせてスキルを選出し，それを使用する能力であると定義している。さらに，メリルとギンペル（Merrell & Gimpel, 1998）は，自立機能や学業能力といった適応行動も社会的コンピテンスに含めている（相川，2009）。さまざまな研究者たちの見方を総合すれば，社会的コンピテンスはソーシャルスキルも含んだ，社会の中でうまく生活していくための能力全般を表しているといってよいだろう。

対人関係に関わるスキルを表すさまざまな概念をまとめようとする研究も行われている。藤本・大坊（2007）はスキルに関わる概念をENDCOREモデルに図示した。**ENDCOREモデル**では，スキルの概念を文化・社会・対人・自

己のレベルを縦軸に，対象とする行動の多様性や状況の特殊性を横軸にした扇形の図に整理している（藤本・大坊，2007；藤本，2013）。扇の要に当たる部分に言語・非言語による直接的コミュニケーションを行うための能力であるコミュニケーションスキル，その外側に対人関係に主眼がおかれた社会性に関わる能力であるソーシャルスキル，さらに外側に文化・社会への適応において必要な能力であるストラテジーが位置づけられている（藤本・大坊，2007；図2.1）。なお，藤本・大坊（2007）では，扇の要の部分に位置づけられるコミュニケーションスキルをさらに2階層に分類し，2階層のうちのより社会的な場面で使用されるスキルを対人スキルとしている。

対人スキルにかかわる研究者たちの見解をみると，おおまかにいってコミュニケーションスキルは基礎的な対人行動のためのスキル，ソーシャルスキルは個別の対人場面で必要な行動のためのスキル，社会的コンピテンスは対人目標をふまえてソーシャルスキルを選択し，適用する能力として使用されている。

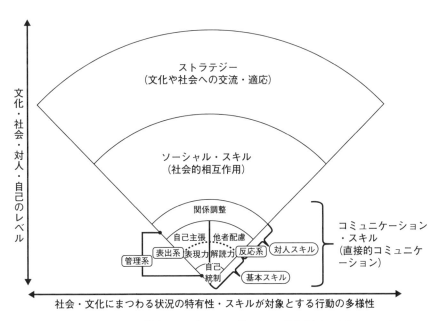

図2.1 スキルを階層構造としてとらえた「スキルの扇」（藤本・大坊，2007）

このように，人づきあいの技術や能力といっても，長期的で大きな視点に基づいて使用される抽象度の高いスキルから，その場の判断で使用される具体的な行動のスキルまで，幅広い範囲のスキルが含まれる。

2.1.2 スキルの種類

私たちはさまざまな状況や場面を通して社会と関わっており，それぞれの状況や場面に応じた対人スキルが必要となる。ゴールドスタイン他（Goldstein et al., 1980）は，若者に必要な50のスキルを提示した。50のスキルは，初歩的なスキル，より高度なスキル，感情処理のスキル，攻撃に代わるスキル，ストレスを処理するスキル，計画のスキルの6つのカテゴリーに分けられている（Goldstein et al., 1980；表2.1）。たとえば，初歩的なスキルには，聞く，会話を始める，会話を続ける，質問するといった，基礎的な行動のスキルが含まれている（表2.1）。

菊池・堀毛（1994）は，ゴールドスタイン他（1980）を参考に，さらに援助のスキル，異性とつきあうスキル，年上・年下とつきあうスキル，集団行動のスキル，異文化接触のスキルなどを追加し，100項目のスキルをリストアップした（菊池・堀毛，1994）。菊池・堀毛（1994）は，ゴールドスタイン他（1980）のスキルのカテゴリーは行動の分類であり，菊池・堀毛（1994）で追加されたスキルのカテゴリーは状況によって分類されると述べている。

他にも，対人スキルを行動や状況によって分類している例がみられる。相川（1995）は，ネルソン=ジョーンズ（Nelson-Jones, 1993）をもとに一般成人に必要なソーシャルスキルの一覧を作成した。相川（1995）のリストは，自分自身をあらわにするスキル，報酬を与える聞き手になるスキル，話し手を助けるように反応するスキル，内気に打ち克つスキル，人間関係を選択するスキル，人間関係を深めるスキル，人間関係における主張性スキル，怒りを管理するスキル，争いを避けて管理するスキルの9つのカテゴリーに分けられている。

人間関係の種類によってスキルを分類している書籍もある。アーガイルとヘンダーソン（Argyle & Henderson, 1985）は，友人関係，恋愛，結婚，離婚，親子関係，親族関係などのそれぞれの社会的関係におけるルールや必要となる

表 2.1 ゴールドスタイン他（1980）の若者のための社会的スキル（菊池，2007）

①初歩的なスキル	25. 和解する
1. 聞く	26. 自己統制
2. 会話を始める	27. 権利を主張する
3. 会話を続ける	28. いじめを処理する
4. 質問する	29. 他人とのトラブルを処理する
5. お礼をいう	30. ファイトを保つ
6. 自己紹介をする	⑤ストレスを処理するスキル
7. 他人を紹介する	31. 不平をいう
8. 敬意を表す	32. 苦情に応える
②より高度なスキル	33. ゲームの後のスポーツマンシップ
9. 助けを求める	34. 当惑を処理する
10. 参加する	35. 無視されたことの処理
11. 指示を与える	36. 友人のために主張する
12. 指示に従う	37. 説得に対応する
13. 謝る	38. 失敗を処理する
14. 納得させる	39. 矛盾したメッセージを処理する
③感情処理のスキル	40. 非難を処理する
15. 自分の感情を知る	41. むずかしい会話に応じる
16. 感情を表現する	42. 集団圧力に対応する
17. 他人の感情を知る	⑥計画のスキル
18. 他人の怒りを処理する	43. 何をするか決める
19. 愛情表現	44. 問題がどこにあるか決める
20. 恐れを処理する	45. 目標設定
21. 自分をほめる	46. 自分の能力を知る
④攻撃に代わるスキル	47. 情報を集める
22. 許可を求める	48. 問題を重要な順に並べる
23. 分け合う	49. 決定を下す
24. 他人を助ける	50. 仕事に集中する

スキルを提示している．

　このように，研究者は行動によって，または人間関係や状況の種類によって，必要なスキルをリストアップしてきた．そのリストにあげられたスキルはすべてが等価に扱われているわけではない．友人関係や親子関係などの特定の人間関係や仕事などの特定の状況で使うスキルから，ストレスに対処する，計画するといった特定の行動のためのスキル，聴く，話すなどの日常生活全般に汎用可能なスキルなど，対人スキルは研究者によって異なるレベルで分類されている．さらにいえば，聴く，話すなどの基礎的なスキルも，相手に顔を向ける，うなずく，タイミングを計るといった，より微視的な行動のスキルに分割する

ことができる。以上のような対人スキルの分類の仕方は，対人スキルが階層構造を示すということを示している。下位に属する微視的な行動のスキルの集合体が，基礎的な行動のためのスキルであり，基礎的な行動のためのスキルが集まることで特定の状況に必要なスキルとなる。

対人スキルは多機能性をもち，1つの機能にしか結びつかないスキルは存在しないといわれている（Spitzberg & Cupach, 2011）。多様な状況で適用される基礎的な行動のスキルもあれば，多くの基礎的な行動の構成要素となる微視的な行動のスキルもある。たとえば，聴くスキルは他者を援助する状況でも，異性とつきあう状況でも使用されるだろうし，相手に顔を向けるという微視的な行動のスキルは，聴くスキルにも話すスキルにも含まれるだろう。菊池・堀毛（1994）は，対人スキルの階層構造を想定した上で，スキルの中には他のスキルと結びつきのよいものや，他のスキルの前提となったり，その一部となったりする「ジャンクション（結節点）」にあたるスキルがあると述べている（図2.2）。藤本・大坊（2007）のENDCOREモデルも，基礎的なスキルが扇の要に位置づけられており，基礎的なスキルがさまざまな状況で使用できることを表している。

以上をふまえれば，対人スキルには，身につけておくことが不可欠であると考えられる汎用性の高いスキルと，特定の場面でしか使用されない汎用性の低いスキルがあると考えられる。ある特殊な状況でのみ使用するスキルを身につ

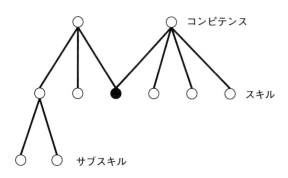

図2.2　社会的スキルの構造（菊池・堀毛, 1994）
黒丸がジャンクションとなるスキル。

けていなかったとしても，そのスキルを使用する場面に直面しない限りは不都合を感じることはないだろう。しかし，ジャンクション（菊池・堀毛，1994）または扇の要（藤本・大坊，2007）となるスキルのような，汎用性の高いスキルを身につけていない人は，人とのつながりをつくったり，それを維持したりすることが難しいだけでなく，生活のさまざまな面で困難を感じると予想される。

2.2 対人スキルが個人や対人関係にもたらす影響

2.2.1 脆弱性モデルの検証

対人スキルが不足すると，対人関係がうまくいかず，精神的に不健康な状態になりやすいといわれている。たとえば，レウィンソン他（Lewinsohn et al., 1993）は，対人スキルを知らなかったり，知っていても使わなかったりすることで他者から報酬を得ることができず，うつにつながると主張している。この場合の報酬とは，物理的な利益だけでなく，愛情や喜びといった心理的な利益も含んでいる。対人スキルのある人は，他者から報酬を得られるような行動をするため，精神的に不健康な状態にはなりにくい。

ソーシャルスキルが精神的不健康に及ぼす影響についてモデル化したのがセグリン（Segrin, 1996, 1999）である。日常生活を送る中で，些細な出来事によってストレス反応が生じる人がいる一方，衝撃的な出来事が起こってもストレス反応が生じない人もいる。個人がどの程度ストレスフルな出来事に抵抗できるかをストレス脆弱性と呼ぶ。セグリン（1996, 1999）は，ソーシャルスキルの高い人は，ストレスフルな出来事が起こっても，他者からサポートを得られ，ストレスフルな出来事に対して適切に対処しやすいため，ストレス反応が発生しにくいと予想した。つまり，ソーシャルスキルの高さが個人のストレス脆弱性を決める要素の一つになっているということである。セグリン（1996, 1999）のソーシャルスキルとストレス反応の関係についての主張は，**脆弱性モデル**（the social skills deficit vulnerability model）と呼ばれる。

脆弱性モデルの立場に立てば，精神的不健康に対してソーシャルスキルと出

来事それぞれの単独の主効果があるのではなく，ソーシャルスキルと出来事の交互作用があると予測される。交互作用とは，複数の要因の組合せによって生じる影響である。この場合，ソーシャルスキルが低いことのみ，またはストレスフルな出来事を経験することのみが精神的不健康を引き起こすのではなく，ソーシャルスキルの低い人がストレスフルな出来事に出会ったときに精神的不健康が生じ，ソーシャルスキルの高い人がストレスフルな出来事に出会っても精神的不健康は生じないと考えられる。しかし，セグリンの実施した検証ではソーシャルスキルの単独効果がみられ（Segrin, 1996)，その後実施された別の研究は単独効果も交互作用も有意にならないという結果となった（Segrin, 1999)。

　セグリンとフローラ（Segrin & Flora, 2000）は，セグリン（1996, 1999）の検証を振り返り，分析対象となったサンプルに問題があったことを指摘した。彼らは，脆弱性モデルの的確な検証のためには，短期間の間に著しくストレスフルな出来事を経験している人々を調べる必要があると考え，大学新入生を対象とした調査を行った。対象となった新入生は，大学入学のために遠方から引越しをするというストレスフルな出来事を経験した学生であった。新入生は，入学前と入学後の最初の学期の終了時の2回の調査に回答した。分析の結果，入学前のソーシャルスキルが低いと入学後の抑うつや孤独感が高くなり，社会的適応の得点が低くなることが示された（Segrin & Flora, 2000)。この結果に基づき，セグリンとフローラ（2000）はソーシャルスキルが欠如していると心理社会的問題が発生しやすくなると主張した。ただし，入学前に心理社会的問題を抱えていると入学後のソーシャルスキルが欠如しやすくなるという，逆方向の説明ができる可能性も残されている。ソーシャルスキルの欠如が心理社会的問題を引き起こすのか，心理社会的問題がソーシャルスキルを欠如させるのか，どちらの関係が成立しているのかを確認するには，入学前と入学後の両時点のソーシャルスキルと心理社会的問題を測定する必要がある。セグリンとフローラ（2000）では入学後のソーシャルスキルを測定していないため，この点については確認されていない。

　相川他（2007）は，セグリン（1996, 1999）の手法を改変した上で，大学生

を対象とした3時点の調査を実施し，脆弱性モデルを改めて検証しようとした。相川他（2007）の調査には，ソーシャルスキルを測定する尺度，ストレスフルな出来事の経験を尋ねる項目，抑うつ，孤独感，対人不安などの不適応の程度を測定する項目が含まれていた。この場合，ある時点のソーシャルスキルとストレスフルな出来事の交互作用が，そのあとの時点の不適応を予測すれば，脆弱性モデルが実証されたことになる。分析の結果，ソーシャルスキルとストレスフルな出来事の交互作用だけでなく，それぞれが単独でも不適応を予測していることが明らかになった。また，抑うつ，孤独感，対人不安が，そのあとの時点のソーシャルスキルの欠如を説明していた。この結果から，相川他（2007）は，ソーシャルスキルは精神的不健康の「原因でも結果でもある」と考察している。

　上述した複数の研究から，ソーシャルスキルとストレスフルな出来事の経験の交互作用が心理社会的問題を説明するだけでなく，それぞれが単独で心理社会的問題に影響を与えたり，逆に心理社会的問題がソーシャルスキルに影響を与えたりしているといえる。このような複雑な結果が示される理由として，ソーシャルスキルがあること自体の効果の他に，ソーシャルスキルを使用することで発生する副次的な効果が存在する点があげられる。脆弱性モデルに基づけば，ソーシャルスキルのある人は，困難な状況に直面しても周囲の他者から十分なソーシャルサポートを得られるため，心理的に健康な状態を維持すると予測できる。セグリン他（Segrin et al., 2016）は，回答者が1年間の間隔をおいて2回の調査に回答する縦断調査によってこの予測を検証した。この調査では，大学生がソーシャルスキル，ソーシャルサポート，心理的苦痛（抑うつ，孤独感，ストレス）を尋ねる質問紙に1年間の間隔をおいて2度回答した。その結果，1回目のソーシャルスキルが高いほど2回目のソーシャルサポートが高くなる正の関連を示し，2回目のソーシャルサポートが高いほど2回目の心理的苦痛が低くなる負の関連を示した（Segrin et al., 2016；図2.3）。この結果は，ソーシャルスキルがソーシャルサポートを介して，心理的苦痛を低下させる影響を及ぼすことを示している。つまり，ソーシャルスキルは，ソーシャルサポートを媒介変数として精神的不健康に間接的な影響を及ぼしている。

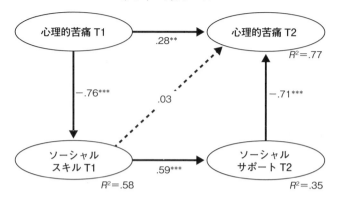

図 2.3 ソーシャルスキル,ソーシャルサポート,心理的苦痛の関連(Segrin et al., 2016)
T1 および T2 は測定時点を表す。
T1：Time 1（第 1 回目）の測定,T2：Time 2（第 2 回目）の測定。

なお,ソーシャルスキルとソーシャルサポートとの関連については,相川（2009）もラザルスとフォルクマン（Lazarus & Folkman, 1991）の心理学的ストレスモデルを参考にしたモデルを提示している。このモデルでも,スキルがストレス反応の生起過程に直接的な影響を及ぼすだけでなく,ソーシャルサポートを介した間接的な影響も及ぼすことが示されている（相川,2009）。

スピッツバーグとキューパック（Spitzberg & Cupach, 2011）は,対人スキルは個人のウェルビーイングを向上させるために必要であるが,それだけでは十分ではないと述べている。対人スキルさえあれば精神的に健康な状態になるわけではなく,対人スキルを用いてどのような行動をとり,どのような利益を得ているかが,その人の精神的健康を左右するといえるだろう。

2.2.2 スキルのある人の行動とは

近年一般の人々の間で,人づきあいのうまさを示す言葉として,「コミュニケーション能力」や「コミュニケーション力」といった言葉が普及している（たとえば,文化庁,2017）。東京工芸大学（2012）が大学生に対して実施した調査では,コミュニケーション能力が高い人のイメージとして,「話し上手」「明るい」「人当たりが良い」「聞き上手」「アクティブ」「オープン」などが多

くあげられていた。渡部（2018a, b）のコミュニケーション力イメージに関する研究によれば，大学生はさまざまな相手と関わろうとする社交性をもち，会話を途切れることなく継続できる人をコミュニケーション力のある人であるとみなしており，社会人は他者と相互に理解しあえる人をコミュニケーション力のある人だとみなしていた。このように，一般の人々がもつ「人づきあいのうまい人」のイメージには，明るく積極的な特性や他者とのつながりを深めようとするポジティブな行動のイメージが含まれている。

しかし，心理学における対人スキルに関する研究においては，対人スキルのある人とはどのような場面でも一定の行動をとる人を指すわけではない。本項では，自分の意見を主張する際のスキルである**アサーション**（主張性；assertion）に関する研究を中心に紹介していく。

アサーションは自分の意見を率直に表現するスキルであり，アサーティブネスとも呼ばれる。自己表現を行わない場合には2つのパターンがあると考えられる。一つは，自己の意思に反して自己表現が「できない」こと，もう一つは自己の意思で自己表現を「しない」ことである。自己表現が「できない」ことはアサーティブネスが低いことを表すが，自己表現を「しない」ことは必ずしもアサーティブネスの低さを示すわけではない。カムラス他（Kammrath et al., 2015）は，自己表現を「しない」ことを示すアンアサーティブネス（unassertiveness）は，アサーティブネス（assertiveness）と1次元上の両極に位置づけられるわけではないことを実証した。カムラス他（2015）は，調査対象者の外向性と調和性を測定し，同時に調査対象者のパートナーに対して，対象者のふだんのアサーティブネスとアンアサーティブネスの程度を評定するよう依頼した。その結果，外向性が高い人は低い人よりもアサーティブネスが高いと評定されたが，アンアサーティブネスでは外向性の高低による差はなかった。一方，調和性が低い人は高い人よりもアンアサーティブネスが低いと評定されたが，アサーティブネスでは調和性の高低による差はなかった（Kammrath et al., 2015）。この結果をふまえれば，主張しないことが必ずしもアンアサーティブであることを示すわけではなく，主張しない理由は「主張できない」こと以外にも存在すると考えられる。カムラス他（2015）は，一連の研究の結果か

ら，アサーティブな行動がふさわしい場面ではアサーティブに，アンアサーティブな行動がふさわしい場面ではアンアサーティブに行動できる弁別的アサーティブネス（discriminative assertiveness）が高い人が存在することを示唆している。

　ある特定の行動をすることだけが対人スキルのある状態ではなく，状況に合わせた対応をすることが対人スキルのある状態であるという見解は他にもみられる。石井（2006）は，メタ・ソーシャルスキルという概念を提案している。メタ・ソーシャルスキルは，ソーシャルスキルのレパートリーや対人関係状況に対するメタ認知を働かせ，置かれている状況や相手との関係性を判断した上でスキルの適切な選択的行使・非行使を決定するスキルである（石井，2006）。先述した社会的コンピテンスがソーシャルスキル以外の要素も含むのに対し，メタ・ソーシャルスキルはソーシャルスキルを操ることに焦点化されている。メタ・ソーシャルスキルの概念に基づけば，対人スキルのある人とは，うそをつく，相手を避ける，相手を攻撃するといった，ネガティブなコミュニケーションも含めた種々のスキルの中から，状況に応じてスキルを選択できる人である。

　それでは，対人スキルがある人と接した人は，その人に対してどのような印象をもつのであろうか。一般に，対人スキルのある人は，周囲の他者にとってもコミュニケーションの有用なロールモデルであり，良き親，良き同僚，良き上司になりやすいといわれている（Hargie, 2017）。ただし，この場合にも，積極的な行動を行えば他者から高い評価を得られるわけではないことが明らかになっている。ここでは例として，職場における上司のアサーションと部下からの評価に関する研究を紹介する。エイムズ他（Ames & Flynn, 2007; Ames, 2009）は，上司のアサーティブネスと部下による上司のリーダーシップの評価について検討した。アサーティブネスは自分の意見を率直に表現するスキルであるが，自分の意見をあまりに強く主張することは，他者から否定的な評価を受けやすい。そのため，アサーティブネスの研究者の間では，個人がどの程度自分の意見を表現できているかと同時に，それを他者がどのように受け止めているかということが関心を集めてきた。エイムズ他（Ames & Flynn, 2007;

Ames, 2009）によれば，上司のアサーティブネスと部下による上司のリーダーシップの評価には曲線的な関係があり，アサーティブネスが低すぎる場合にも，高すぎる場合にも，リーダーシップは低く評価されていた。エイムズ（2009）は，このような曲線的な関係が見出された理由を，アサーティブネスが低すぎるリーダーは課題達成の面で非効果的だと知覚され，アサーティブネスが高すぎるリーダーは対人関係の面で非効果的だと知覚されるためであると考察している。

相川（2009）は，ソーシャルスキルの実行過程の評価が効果性と適切性の2つの観点から行われると述べている。効果性はスキルの実行によって対人目標が達成され，相手との関係が肯定的になったかを，適切性は対人反応の実行の方法が当の対人場面や状況あるいは社会的ルールから判断してふさわしいか否かを意味している（相川，2009）。したがって，自分の思った通りの結果を導くことができれば良いというわけではなく，それが適切な方法で実施されていなければ，対人スキルのある状態とはいえない。対人スキルのある人は，対人目標と状況や相手との関係性に合わせて適切なスキルを選択し，実行することで，効果性と適切性の高い対人行動を実行できると考えられる。

以上をふまえれば，常に向社会的でポジティブな行動をとることが対人スキルのある状態であるというわけではない。状況に応じて特定の行動を実行しないことも対人スキルのある人の条件となる。社会的コンピテンスの概念に，状況に合わせてスキルを選択する能力が含まれていたことからもうかがえるように，対人スキルのある人とは，状況や相手に応じた適切な行動を実行できる人である。そのためには，当人が多様な行動のレパートリーをもち，効果性と適切性の2つの観点からもっとも妥当な行動を選択できることが必要となる。

しかし，現状では対人スキルに関するほとんどの実証研究において，対人スキルの程度は特定の行動をとる自信の高低やどの程度の頻度でその行動を行うかという実行頻度によって測定されている。「スキルの使い分けができる程度」を数値化することは，特定の行動の多寡を測定することよりも難しい。個人が有するスキルのレパートリーの幅や，その中から適切なスキルを選択できることが対人関係に及ぼす影響を明らかにすることは，今後の検討が待たれるテー

マである。

2.3 対人スキルと高校生の友人関係
2.3.1 高校生の面接調査から見る自己表現の問題

　対人スキルは，日常の対人場面における個人の行動にどのような影響を及ぼしているのだろうか。ここでは，アサーションと高校生の友人に対する行動との関連について検討した研究を取り上げる。

　アサーションのスキルは，高校生を含めた青年期の友人関係に影響を及ぼすと考えられている（柴橋，1998）。アサーションは，率直な自己表現のためのスキルであるが，単に自己表現ができることだけを指すわけではない。その自己表現を行うまでの，感情をコントロールして適切な方法で伝えること，他者の権利も尊重しながら意見を伝えることなどの，自己表現を実現するまでの内面的な過程も含んだ複合的な概念である。渡部（2006）は，先行研究にみられるアサーションの理論的概念や定義を整理し，アサーションの概念に「素直な表現」「情動制御」「他者配慮」「主体性」の4つの要件が含まれることを示した。青年期には，これらの4つの要件をどの程度満たしているかが適切な自己表現が実施できるかどうかを左右し，友人との関係の維持に影響を及ぼすと考えられる。

　アサーションは，自己表現を抑制する非主張的行動や他者の立場や感情を考慮しない攻撃的行動と対比されることが多い（平木，2009）。青年期の友人関係では，アサーションのスキルが十分に発揮されず，非主張的行動や攻撃的行動が現れる現象が指摘されている。たとえば，友人との深い関わりを恐れ，積極的に自分の意見を伝えることを避けるふれあい恐怖（岡田，1993）や，状況にあわせた適切な主張ができない「キレる」現象（田中・東野，2003）などである。これらの現象が発生する要因として，アサーションの4つの要件（渡部，2006）のいずれかが満たされていないことが考えられる。

　以上のような問題意識のもとに，渡部（2009）は面接調査によって，高校生が友人関係においてどのような自己表現を行っているのかを探索した。13名

2.3 対人スキルと高校生の友人関係

表 2.2 高校生の面接調査で得られた友人関係に関する発言（渡部，2009 より抜粋）

カテゴリー	発言例
明確な自己表現	● ある程度みんな言いたいことは言って生活しているように見える。 ● 信頼し合っているので，（言いたいことは）言っている。
自己表現の不本意な抑制	● 相談したいことがあってもちゃんと言えない。 ● 友達の悪いところを「直した方がいいよ」と言えない。言ってあげた方が本当はいいと思う。
感情コントロールの不得手さ	● 怒ったりすると，カッとなってしまう。 ● 自分だけテンションが上がって，「うるさい」と言われるときがある。
意図しない不適切な発言	● 一言多い。「あ，しまった」と思うけど，言ったときにはもう遅い。 ● 思ったら，考えずにパッとすぐに口に出してしまう。
周囲への配慮	● 周りとのバランスを保つにはどうしたらいいかをみんな知っている。 ● 周りの人間と合わせていって，自分だけ隔離されないように過ごしている。
楽しい雰囲気の優先	● 友達の前では重苦しい感じの会話はしたくない。 ● せっかく出来ていた楽しい空気みたいなものを壊したくない。

の高校生に半構造化面接を実施し，友人に対して自己表現をどの程度しているか，自己表現がうまくいかなかったことはないかなどを尋ねた。面接調査で得られた高校生の発言は6つのカテゴリーに分類された（表 2.2）。お互いに十分な自己表現ができていることを示す「明確な自己表現」，本心では伝えたいことが相手に対して言えない「自己表現の不本意な抑制」，感情の高まりによって意図しない自己表現をしてしまう「感情コントロールの不得手さ」，深く考えずに不用意な発言をする「意図しない不適切な発言」，周囲の状況や会話の流れを考慮する「周囲への配慮」，楽しい雰囲気を壊さないようにする「楽しい雰囲気の優先」の6つである。6つのカテゴリーのうち，「明確な自己表現」は13名の回答者すべての発言に含まれていた。その一方で，「周囲への配慮」や「自己表現の不本意な抑制」なども生じていた。したがって，回答者の高校生たちは，日常の友人とのコミュニケーションにおいて適切に自己表現ができている一方で，いつも楽しい雰囲気を壊さないように気を配っていると考えられる。

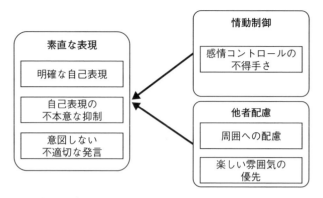

図2.4 各カテゴリーと主張性の4要件との内容的対応（渡部, 2009）

　渡部（2009）は面接調査における高校生の発言の6カテゴリーが，主張性の4要件のうち素直な表現，情動制御，他者配慮と内容的な対応をもつと考察した（**図2.4**）。面接調査によって，調査対象者の高校生が素直な自己表現がある程度できているものの，咄嗟の状況で感情がコントロールできずに意図しない発言をしてしまったり，他者や周囲の雰囲気に配慮して自己表現を抑制したりしていることが示唆された。とくに，高校生の間で，他者配慮の高さに起因した非主張的行動が発生していることがうかがえる。しかし，渡部（2009）の面接調査の結果は13名の高校生のみから得られたものであり，他の高校生にも一般化できるのかを確認するには，より多数の対象者への量的な調査が必要になる。

2.3.2　高校生のアサーションと友人への配慮行動

　他者や周囲の状況に配慮するという行動は，アサーションのスキルが低いために生じるのであろうか。渡部（2010）では，高校生177名に「友人関係における配慮行動尺度」と「主張性の4要件尺度」（渡部・松井，2006）を含む質問紙を配布し，回答してもらった。友人関係における配慮行動尺度は，前項の面接調査（渡部，2009）における高校生の発言に基づいて作成された。この尺度は，友人とのコミュニケーションにおいて楽しい雰囲気を保とうとする行動を表す「雰囲気の維持」，話しにくいことを当たり障りのないように表現する

「曖昧な表現」，他者を介したり携帯電話を使用したりして自分の意見を伝える「間接的主張」という3つの下位尺度から成り立っている（渡部，2010）。主張性の4要件尺度（渡部・松井，2006）は，自己の意見の主張が必要な複数の場面を想定し，それらの場面における素直な表現，情動制御，他者配慮，主体性の4つの要件をどの程度満たしているかを測定する尺度である。渡部（2010）では，質的変数と量的変数との関連を検討する数量化理論第I類を用いて，4要件と配慮行動との関係を検討した。この場合，4要件の得点の高さによって分類されたグループが質的変数，友人関係における配慮行動の得点が量的変数である。その結果，4要件のうち，素直な表現が高いグループほど「間接的主張」が少ないこと，情動制御が高いグループほど「雰囲気の維持」や「間接的主張」が少ないことが明らかになった。一方，他者配慮が高いグループほど「雰囲気の維持」が多くなった。主体性はやや高いグループで「雰囲気の維持」や「曖昧な表現」が多くなり，主体性が極端に高いグループは「間接的主張」が少なくなるという，曲線的な関係があることが明らかになった。

　以上をふまえれば，他者に配慮する傾向が強い高校生は，自分の意見を主張することが必要な場面でも周囲の和やかな雰囲気を維持することを重視し，積極的に自分の意見を発信しようとしないと推測される。また，自己の言動を主体的に決める傾向がやや高い場合には，雰囲気の維持や曖昧な表現が行われていた。このことから，主体性が自己の意見の主張に直接的に結びつくものではないと考えられる。主体性がやや高い高校生たちは，周囲に流されて同調するというわけではなく，むしろ自分から進んで雰囲気を維持したり，曖昧な表現をしたりするといえる。ただし，主体性が極度に高くなると間接的主張が少なくなることから，過度に主体性の高い人は自分の意見を伝える際に直接的な言い方になってしまい，周囲を驚かせることもあると予想される。

　エイムズとフリン（2007）や渡部（2010）で示されたような，対人スキルと他者からの評価や実際の行動との曲線的関係は，特定のスキルだけが極端に高くても，他者からの肯定的な評価や適切な行動にはつながらないことを示唆している。これらの研究からも，対人スキルについて検討する際にスキルの選択や使い分けを考慮に入れることの重要性がうかがえる。

2.4 個々のスキルと全体的な対人関係

　対人スキルに関する研究や実践活動では，個人の全般的な対人スキルの程度を取り扱う場合と，個別の具体的なスキルに焦点を当てる場合がある。先に紹介した脆弱性モデルに関するセグリン他の一連の研究（Segrin, 1996, 1999；Segrin & Flora, 2000；Segrin et al., 2016）では，個人の全般的なソーシャルスキルの程度とストレスフルな出来事，ストレス反応との関連を検討している。日本のソーシャルスキル研究で頻繁に使用される尺度である，KiSS-18（Kikuchi's Social Skills Scale；菊池，1988）を用いた研究では，18項目の合計点がソーシャルスキル得点として扱われることが多い。このような方法は，その人の人づきあいのうまさと幸福感や不適応との関連を検討するといった，俯瞰的な検討をするのに適している。

　他方，渡部（2009, 2010）では，アサーションのスキルを4つの要件ごとに得点化し，4つそれぞれと精神的不健康や友人に対する行動との関連を検討している。他の対人スキルの尺度でも，個々のスキルが下位因子として含むものがある。たとえば，藤本・大坊（2007）のENDCOREsは，ENDCOREモデルの6つのスキルを測定するための6つの独立した下位尺度から成り立っている（藤本，2013）。このような尺度は，個人がどのスキルを身につけていて，どのスキルが不足しているかといった実態把握や，個別のスキルがそれぞれ他の要因とどのように関わるのかを検討する上で有用である。

　しかし，実生活の中では，個々のスキルが別々に私たちの対人行動や適応状態に影響を及ぼしているわけではない。逆に個人の全体的なスキルの程度が分かれば，その人の実際の対人行動や適応状態がすべて説明できるわけでもない。実際の対人場面では，個人がもっているさまざまなスキルの効果が融合して具体的な対人行動を起こしたり，適応状態に複合的な影響を及ぼしたりしている。ハーギー（2006）は，対人スキル研究や対人スキル・トレーニングが，対人的相互作用の特定の側面のみに焦点を当てた内容になりがちであると指摘している。実際に個人が直面する対人的相互作用では，多くのスキルや状況要因が影響を及ぼし，個々の行動が連鎖的につながり合っている。ハーギー（2006）は，

ゲシュタルト心理学の思想になぞらえ，対人スキル研究やトレーニングにおいて，対人相互作用過程を総合的にとらえることの重要性を主張している。ただし，その中にあっても，ジャンクション（菊池・堀毛，1994）や扇の要（藤本・大坊，2007）となるスキルのように，決定的な役割を果たすスキルが存在するものと予想される。

　対人スキルが階層構造を形づくることは，個別のスキルを選択し，実行する何らかのメカニズムの存在を示している。そのメカニズムの解明によって，対人スキルが私たちの日常の対人関係に与える影響を，より実態に即した形で理解することが可能になるだろう。

コラム1　ゆるし　　　　　　　　　　　　　　　　　　　　（沼田真美）

　「あんなにひどいことをする（言う）なんて，もうゆるせない！」。日常生活の中で，他者からひどい仕打ちを受けて，このような気持ちになった経験をお持ちの人は多いであろう。また，自分のしでかした，とんでもない失敗を受けて，自分自身に対してゆるせないという気持ちを抱いた経験をお持ちの方も多いであろう。このような出来事が起こった際には，相手や自分自身に対して生じた，ゆるせないという気持ちを簡単に水に流すことは難しい。その出来事を考えると，気持ちが沈み，胸が締めつけられる感覚が蘇ってしまう。あるいは，ゆるせないという気持ちそのものに苦しめられていることに気づき，忘れたいと願ったとしても，なかなか難しい場合もある。他者から自分を傷つけられるような出来事を経験した場合には，相手へ報復をすることも選択肢の一つになりうるし，自分の評判を自分によって著しく下げるような失敗を犯した場合には，いつまでも悔やみ続けることもある。しかし，他者や自己への否定的な認知や感情を水に流そうとすることが，心の健康を維持する上で良い面をもつことが明らかになっている。傷ついた際に生じる否定的な認知や感情を，平静的や肯定的な方向に変化させようとすることは，**ゆるし**（forgiveness）と呼ばれる。世の中には，傷つけられたことや傷ついたことを水に流すことのできる人がいる。つまり，ゆるせない出来事が起こった場合にも，気持ちを平静に戻し，さらには肯定的にさえとらえ直すことのできる人である。一方で，ゆるせない出来事をいつまでも考えてしまうような，傷つきに囚われがちな人もいるであろう。このような人々においては，どのような特徴がみられるのであろうか。

　他者および自己へのゆるしやすさに影響すると考えられる個人の特徴を扱った研究の一つに，沼田・今野（2014）がある。この研究では，幼少期の被養育経験を反映した対人関係のパターンである成人愛着スタイルが，他者および自己へのゆるしに及ぼす影響を明らかにした。成人愛着スタイルは，見捨てられ不安（自分は他者から受容されないかもしれないという不安）と，親密性の回避（他者は信用に値しないかもしれないという気持ち）という2側面からとらえられている概念である。同研究では，成人愛着スタイルが不安定であることが，他者および自己へのゆるしを抑制すると仮定して検討を行った。男女大学生131名を対象に調査を行った結果（**図①.1**），他者から受容されないことに不安を覚える"見捨てられ不安"の高い人は，その出来事が引き起こした良い面に着目することができず，気持ちを平静に戻

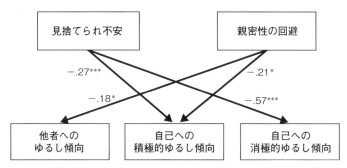

注）積極的ゆるし傾向は，肯定的にとらえ直す傾向，消極的ゆるし傾向は，中性的にとらえ直す傾向
図①.1 パス解析の結果（沼田・今野，2014）

すこともできないために自分自身をゆるしにくかった。また，他者との距離をとる"親密性の回避"が高い人は，その出来事が引き起こした良い面に着目することができないために，自分や他者をゆるしにくかった。すなわち，現在の人間関係で，他者から受容されないことに不安を覚え，他者との距離をとりやすい人は，自他をゆるしにくいことが明らかになった。これは，他人からの受容や，他人との距離感に敏感であると，自分自身であることの感覚が揺らいでしまうために，傷つけられたことや傷ついたことに圧倒され，傷ついた出来事を直視することが困難となるためと考えられる。このように，他者や自分自身へのとらえ方が不安定である場合に，ゆるしが生じにくいという結果がみられたが，ゆるしは自然に生じることを待つのではなく，主体的に選択しようとすることが可能である。傷つきに囚われ続けることで，つらい経験が長引き，心身に深刻なダメージを負うのは，傷ついた本人自身である。是非，自分の傷つきに囚われ続けていると感じた際には，ゆるすことによって獲得できる心の平静といった利点へ目を向けて，ゆるしという選択肢を検討いただければ幸いである。

第3章
会話場面における開示と抑制
——話すこと／話さないことの意味

畑中美穂

　日々の暮らしの中で，私たちは多くの人と会話をしている。挨拶や世間話，知人のうわさ話などの表面的な事柄から，悩み事や腹が立ったこと，気持ちを傷つけられ悲しい思いをしたことなど内面的な事柄まで，実にさまざまな内容を私たちは会話の中で話している。しかし，思いついたことを何でも口にするわけではなく，時にはあえて話すことを控えたり，あるいは，話したいにもかかわらず，何らかの理由で話すことができなかったりすることもある。

　誰かに何かを話す，あるいは話さないでおくといったことは，毎日の生活の中で当たり前のように頻繁に行われ，ふだんはあまり意識することもない。しかし，私たちが何気なく行っている「話す」あるいは「話さない」といった行動にはいくつかの機能があり，その効用や心理的なプロセスが研究によって明らかにされてきている。

　本章では，誰かに何かを「話す」あるいは「話さない」といった行動について，心理学の研究知見を基に説明する。

3.1　自分のことについて話す——自己開示

3.1.1　自己開示の機能

　誰かと話をするときには，多くの場合何らかの情報を伝達することが目的とされるため，「話すこと」の最たる機能は情報伝達ともいえる。しかし，「話すこと」の機能はそれだけではない。ここでは「**自己開示**（self-disclosure）」という研究領域において検討されてきた「話すこと」の機能を紹介する。自己開示とは，「個人的な情報を他者に知らせる行為」と定義される（Jourard, 1971 a）。

表 3.1　自己開示の機能（Derlega & Grzelak, 1979 をもとに作成）

1. 感情表出（カタルシス） 2. 自己明確化 3. 社会的妥当化	話し手の心理状態にはたらく機能
4. 対人関係の発展（報酬機能） 5. 社会的コントロール	話し手と受け手との関係性にはたらく機能

言い換えれば，自分に関することについて，誰か他の人に話すことである。

自己開示には，話す内容そのものに関わる情報伝達の機能の他に，話している本人の心理状態や話し相手となっている人との関係性に関わるさまざまな機能が存在する（Derlega & Grzelak, 1979）。表 3.1 には，情報伝達を除いた，自己開示の主要な 5 つの機能を示している。第 1 は，感情表出である。悩みや不安，不満などの鬱積した気持ちを話すことにより，感情が発散されカタルシス（感情浄化）効果が得られる。話すことにより，気持ちがスッとしたり，楽になったりする感覚が得られるのは，カタルシスによるものと考えられる。第 2 は，自己明確化である。自分の気持ちや考えを話す際には，話す内容を自分自身でとらえ直し，整理して言語化する過程が伴われる。そのため，自分の中ではっきりしていなかった感情や思考も，話すことによってより明確になる。第 3 は，社会的妥当化である。誰かに話をすると，話した相手からさまざまなフィードバックや助言が得られる。これにより，自分自身の態度や信念に関する適切さや正しさを確認することができる。第 4 は，対人関係を発展させる機能である。たとえば，自己開示が行われるとき，その受け手にとっては，自分が開示相手として選択された事実が話し手からの好意や信頼感の表れと解釈されるため，嬉しい気持ちが生じ，報酬としての意味をもつ。また，受けとったものと同程度の自己開示を返すべきだと考える「返報性の規範」が存在するため，互いに自己開示のやりとりが行われやすくなり，関係性の進展がもたらされうる。第 5 は，社会的コントロールである。自己開示の仕方によって，関係性や相手の行動に影響を及ぼすことが企図されうる。具体的には，積極的な自己開示によって相手からも自己開示を引き出そうとしたり，自己開示を減らすことによって心理的距離を確保したりすることが可能である。

3.1 自分のことについて話す

上述した5つの機能のうち,感情表出,自己明確化,社会的妥当化は,話し手の心理状態にはたらき適応を促進する機能である。一方,対人関係の発展と社会的コントロールは,話し手と受け手との関係性にはたらき,親密化をはかったり,関係を調整したりする機能といえる。

3.1.2 自己開示と適応

話すことにより話し手の適応が促進されることは,自己開示の研究が始められた当初から注目されてきた。自己開示に関する研究はジュラードによって始められたが,ジュラードは,自己開示と精神的健康との関連について,研究初期に発刊された自著の中で,以下のように述べている。「自己開示はパーソナリティ健康のしるしであり,健康なパーソナリティを至高に達成する手段である」(Jourard, 1971 b 岡堂訳 1974, p.38)。

ジュラードの言葉からわかるように,自己開示は精神的健康を左右する重要な要因としてとらえられていた。そのため,精神的健康を表すと考えられるさまざまな特性と自己開示との関連を実証的に検討する研究が,数多く行われてきた。精神的健康の指標としては,抑うつ,不安,神経症傾向などの疾病徴候の他に,自己評価や孤独感などのパーソナリティの健康性と関連する個人特性が取り上げられている。

榎本(1993)は,日本人大学生を対象に,**図 3.1** に基づく尺度によって測定された自己開示の程度と,精神的健康の指標の一つである自己評価との関連を相関係数によって検討している。相関係数とは,2つの変数間の関連性を示す統計指標であり,−1.0〜1.0 の値をとる。この指標が,正の値の場合は一方が高くなるほど他方も高くなるという関係性を,負の値の場合は一方が高くなるほど他方は低くなるという関係性をそれぞれ示す。分析の結果,得られた相関係数は,男性が.20,女性が.25 であり,自己開示の程度と自己評価との間には,男女ともに有意な正の相関関係がみられた。この結果は,自己開示を多く行う者ほど自己評価が高いことを意味する。同様の結果は,ジュラード(1971 a)をはじめとする他の多くの研究においても得られている。

上記のような自己評価に関する研究の他に,孤独感と自己開示との関連を検

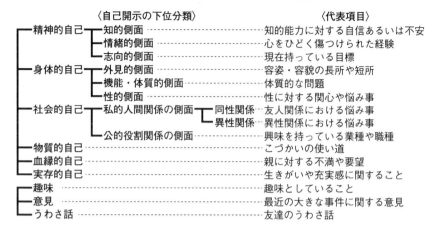

図3.1 榎本の自己開示質問紙（Enomoto Self Disclosure Questionnaire）
特定の開示相手（父親，母親，もっとも親しい同性の友人，もっとも親しい異性の友人など）に対して，上記の各項目についてどの程度話しているかを段階法（「1. まったく話したことがない」，「2. あまり話したことがない」，「3. どちらともいえない」，「4. かなりよく話してきた」，「5. 十分に話してきた」など）で評定する。

討した研究も多い。孤独感は，精神的健康の指標の一つととらえられており，「自分はひとりぼっちである」という孤独感が高い状態は，精神的健康が損なわれている状態と解釈される。多くの研究において，自己開示の程度と孤独感との間に負の相関関係があると報告されている（Chelune et al., 1980；榎本・清水，1992；Franzoi & Davis, 1985；広沢，1990；Solano et al., 1982）。

このように，自己開示は，精神的健康度の高さを表すと考えられる自己評価とは正の相関関係を，精神的健康度の低さを表すと考えられる孤独感とは負の相関関係を，それぞれ示すことが明らかにされている。これらの結果は，自己開示をする人ほど，すなわち，自分のことについて他者に話すことが多い人ほど，一般的に精神的健康度が高いと解釈される。

3.1.3 自己開示の最適水準

以上のように，相関係数を用いた研究結果は，一貫して「自己開示が多い人ほど，精神的健康度が高い」ことを示していた。しかし，相関係数が示すように，単純に，自分のことについて際限なく話す人ほど，精神的な健康状態がよ

いと結論づけてよいのであろうか。

　コズビー（Cozby, 1973）と和田（1995）は，この問題について検討している。コズビー（1973）は，過去の自己開示と精神的健康との関係を検討した研究を概観し，自己開示と精神的健康との関係は，自己開示を多く行う者（高開示者）を含まないデータでは正の相関関係となり，自己開示をほとんど行わない者（低開示者）を含まないデータでは負の相関関係になることを見いだした。この結果を基に，コズビー（1973）は，自己開示と精神的健康との関係が最適水準をもつ逆U字型の関係であるという仮説を提唱した。すなわち，自己開示には一定の望ましい水準（最適水準）があり，この最適水準より少なすぎても多すぎても，精神的健康度が低下するという仮説である。

　コズビー（1973）の仮説を実証的に検討した研究が，和田（1995）である。和田（1995）は，もっとも親しい同性の友人に対する自己開示量と，孤独感，疾病徴候，および充実感から成る精神的健康の指標（原文では，「心理的幸福感」と表記）をそれぞれ測定し，両者の関連を検討した。この際，前項までに紹介した研究のように相関係数を求めるのではなく，測定された自己開示量に応じて，回答者を5群に分割し，精神的健康度を群間で比較した。結果は，**図3.2**に示すように，自己開示量がもっとも少ないⅠ群から，Ⅱ群，Ⅲ群，Ⅳ群と自己開示量が増加するにつれて，精神的健康度が高まっていた。しかし，自己開示量がもっとも多いⅤ群は，自己開示量が次いで多いⅣ群よりも精神的健康度が低かった。この結果は，全体的には自己開示が多い者ほど精神的健康度が高いが，自己開示が多過ぎる場合はかえって精神的健康度を損なう，と解釈される。

3.1.4　心的外傷体験の自己開示

　ふだんの会話の中で自分のことについて話す自己開示が精神的健康とどのように関連しているかを調べる研究は，その後，心的外傷体験の自己開示に関する研究へと展開している。**心的外傷体験**（traumatic experience）とは，体験した人に非常に強い心的な衝撃を与え，その体験が過ぎ去った後も体験が記憶の中に残り，精神的な影響を与え続けるような後遺症をもたらす体験を意味す

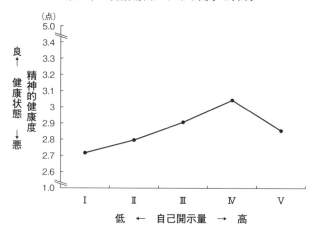

図 3.2 自己開示量と精神的健康との関係 (和田, 1995)
もっとも親しい同性の友人に対して,8つの内容(身体,趣味,学校,性格,社会,友人関係,異性関係,家庭生活)をそれぞれどの程度開示しているか,「まったく打ち明けない」から「すべて打ち明ける」までの5件法で回答を求めて,自己開示量が測定された。測定された自己開示量を基準に,自己開示量が少ない者(Ⅰ群)から自己開示量が多い者(Ⅴ群)まで,20%ずつ5群に分割して,各群の精神的健康度を比較した。精神的健康(原文では,「心理的幸福感」)の指標は,孤独感と疾病徴候と充実感の合計得点であった。

る(金,2001)。狭義には,命の安全が脅かされたり,大けがをしたり,非常に強い恐怖感や無力感を感じたりするような体験を指し,具体的には災害,交通事故,犯罪被害,テロ,戦闘への参加などが当てはまる。広義には,本人にとって体験時と同じ恐怖や不快感をもたらし続ける体験全般を指す。狭義であれ,広義であれ,本人にとって大変な苦痛を伴う心的外傷体験は,日常の会話の中でよく話される話題ではなく,上述してきた一般的な自己開示とは大きく異なる。心的外傷体験のように衝撃的でつらく苦しい体験について話すことの意味はどのようなものであろうか。

ペネベーカー(Pennebaker, 1989)は,心的外傷体験の開示が心身の健康に対してどのような影響を及ぼしているかについて,大学生や一般成人を対象に検討した。この研究の調査協力者は,これまでの人生において,心的外傷体験があったかなかったかについて,尋ねられた。また,心的外傷体験がある場合には,体験について誰かに開示したことがあるかないかについて,尋ねられた。

この回答を基に,回答者は,「心的外傷体験がない人々(外傷体験なし群)」と「心的外傷体験があり,開示をしたことがある人々(外傷体験・開示群)」と「心的外傷体験があり,開示をしたことがない人々(外傷体験・非開示群)」の3群に分けられ,群間で心身の健康状態が比較された。同じように心的外傷体験をしている人々であっても,開示をしたことがある人(外傷体験・開示群)とない人(外傷体験・非開示群)との間に健康状態の違いがみられれば,開示が健康に対して何らかの影響をもっていることになる。

比較の結果は,大学生を対象としたものも一般成人を対象としたものもまったく同じパターンを示した(図3.3)。もっとも健康状態が良かった群は,「外傷体験なし群」であった。これまでに非常につらい体験をしたことがない人々が,つらい体験をしたことがある人々よりも健康状態が良いという結果は,当然であろう。一方,「外傷体験・開示群」と「外傷体験・非開示群」の健康状態を比べると,「外傷体験・開示群」のほうが「外傷体験・非開示群」よりも健康状態が良好であった。すなわち,同じように心的外傷体験をしていても,体験について誰かに話したことがある者は,誰にも話したことがない者よりも,

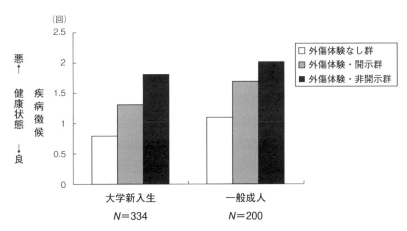

図3.3 心的外傷体験の開示と疾病徴候との関連 (Pennebaker, 1989)
疾病徴候に関して,大学生のデータは,アンケート記入後4カ月間に大学の診療センターを訪問した回数を,一般成人のデータは,アンケート記入前の1年間に重傷・軽傷疾患に罹患した数を,それぞれ示す。

より健康であった。話すことがためらわれるようなつらい体験であっても，誰かに打ち明けることは，心身の健康に良い影響をもたらすのである。

　心的外傷体験について話すことが心身の健康に良い影響をもたらすという結果は，他の多くの研究でも示されているが（Pennebaker, 1990, 1995；Pennebaker & O'Heeron, 1984），話すことのどのような側面が健康促進の鍵となっているのであろうか。聞き手がそばにいて寄り添ってくれること，共感し温かい言葉をかけてくれること，助言やサポートを提供してくれること等，これらもすべて健康の回復や促進に役立つはずであるが，その後の研究では，実は，誰かに話すというかたちをとらなくても健康への良い影響が確認されている（Pennebaker, 1989）。具体的には，心的外傷体験を被った人が，一人で体験について言語化する，すなわち書き綴ることで，心身の健康状態が良くなるのである。

3.1.5　筆記開示研究への展開——開示が健康を促進する理由

　ペネベーカー（Pennebaker, J. W.）は心的外傷体験やストレスフルな経験の開示（disclosure）に関する研究を精力的に行い，**筆記開示**（writing disclosure）によって心身の健康に良い影響がもたらされるという結果を繰返し示している。一連の研究の端緒となったペネベーカー他の研究（Pennebaker & Beall, 1986）では，健康な大学生を対象に，過去の心的外傷体験について，1日15分間，4日間連続で筆記を求めた。その結果，一時的には精神的な動揺や生理的な覚醒が高まったが，より長期的な影響として，実験から6カ月後に測定された医療機関受診回数が少なくなった。

　この知見に触発され，筆記開示に関する研究が数多く行われるようになった。効果が示された測定指標は，上述した病院の受診回数などにより測定される健康状態の他，心理的ウェルビーイング（Greenberg et al., 1996），学校への適応（Pennebaker et al., 1990），免疫機能の促進（Esterling et al., 1994）など多岐に渡る。また，こうした研究をまとめて筆記開示の健康増進効果について統計的に検討した研究（メタ分析）においても有効性が示唆されている（Smyth, 1998；Frattaroli, 2006）。

筆記開示による健康増進効果は，以下の2点に由来すると考えられている（Lepore & Smyth, 2002）。第1は，心的外傷体験などのつらく苦しい過去の体験に注意を向け，恐怖や苦痛をもたらし続けている記憶に馴れることである。第2は，当該経験の理解や洞察を深めたり，経験の意味をとらえ直したりする中で生じる認知の変化（認知的再体制化）である。経験のとらえ直しと関連して，体験した事柄の肯定的な側面や体験によってもたらされた恩恵に注意を向けて筆記を行うことにより健康が増進することも確認されている（King & Miner, 2000；Stanton et al., 2002）。こうした研究知見から，つらく苦しい体験について，単に多くを打ち明けることが重要なわけではなく，安心できる環境の中で体験を振り返り，出来事をとらえ直したり，肯定的な意味合いを見つけ出したりすることが，心身の健康の促進につながるといえる。心が許せる誰かに話をするときには，こうした条件が自然と成立しているため，誰かに話すことが健康の回復や促進に役立つものと考えられる。

3.2　話さないことがもつ意味——会話場面における発言の抑制

3.2.1　話さないという行為の実態

　前節では，自己開示，すなわち自分について話すことがもつ機能や効果に焦点を当てて研究を紹介してきたが，自己開示の中でも，とくに内面的でネガティブな内容については，話したくない気持ち，すなわち開示抵抗感が生じる（松下，2005など）。こうした抵抗感から，否定的もしくは嫌悪的と感じられる個人的な情報を他者に話さないように積極的に抑えることは，自己隠蔽（self-concealment）と呼ばれ，身体症状や抑うつ，不安，否定的自己評価といった精神的不健康を表す指標と正の相関関係をもつことがわかっている（Ichiyama et al., 1993；河野，2000）。つまり，自分に関する否定的もしくは嫌悪的な事柄を他者に話さない人ほど，精神的に不健康な状態にあるといえる。

　しかし，ふだんの会話で話される内容は，自分に関わることばかりではない。私たちは，主張をしたり，提案をしたり，なんらかの情報を与えたりというように，自分に関わる内容以外にもさまざまな事柄について誰かに話している。

そして，私たちは，会話中に思いついたことをすべて話すわけではなく，話さないほうがいいと判断したり，話すことに抵抗感をもったり，何らかの理由でどうしても話すことができなかったりすることもある。他者との相互作用について日誌法で調査をした畑中（2004）では，5分以上に及んだ他者とのやりとりの記録を3日間にわたって求めているが，相互作用の総件数の5割の事例で，「話さない」あるいは「話せない」という事態が生じていた。話さなかった内容は，自分に関することだけでなく，相手のことや反論，質問などさまざまな内容に及んでいた。

つまり，話すという行為の合間には，話さないという行為が頻繁に生じており，それは単に自分に関する事柄を隠蔽するためだけではないようである。では，私たちはどのようなときに話さないことを選ぶのか，またその機能や心理的な過程はどのようなものであろうか。

3.2.2　発言抑制行動の分類

畑中（2003）は，会話中に自分の気持ちや考えについて表出を控える行動を「発言抑制行動」と呼び，行動の理由に着目して，会話中の気持ちや精神的健康との関連を検討している。

たとえば，会話をしている相手が傷つかないようにという思いやりの気持ちから発言が抑制される場合もあれば，自分の表現力の乏しさのために発言が抑制されてしまう場合もある。前者の場合は，「相手を傷つけずにすんだ」という満足感が生じるが，後者の場合は，「どうして言えなかったのか」と後悔が生じるかもしれない。このように，発言抑制行動は，発言を抑制する理由によって会話中の気持ちや精神状態に及ぼす影響が異なると考えられる。こうした考えに基づいて，畑中（2003）は，会話中に生じる発言抑制行動を行動理由の観点から整理し，分類した。具体的には，大学生に対して最近1，2週間において発言を抑制した経験を尋ね，発言しなかった理由やそのときの気持ちについて自由記述回答を求めて，得られた内容を分類した（**表 3.2**）。

その結果，発言抑制行動は5つの側面に分類された。第1は，相手に対する配慮や思いやりから相手のために言わなかったという「相手志向」側面である。

3.2 話さないことがもつ意味

表 3.2 発言抑制行動の理由に関する分類と日誌法調査での回答率
(畑中, 2003, 2004)

カテゴリー	回答例	日誌法調査で回答された割合
相手志向	・相手のために言わなかった ・相手を傷つけてしまうだろうと思った ・相手に悪いなと思った	23.8%
自分志向	・自分のために言わなかった ・言ったことを否定されたり，拒否されるのが恐い ・言うと自分の評価が下がるかもしれない	26.1%
関係距離確保	・相手との関与を避けるために言わなかった ・深い話をしたい相手ではない ・相手に踏み込まれたくなかった	19.3%
規範・状況	・規範や状況を考慮して言わなかった ・自分が言う立場ではない ・言うべき状況ではないと思った	23.9%
スキル不足	・どう言えば伝わるかわからない ・本当は言いたいのに，きっぱりと言うことができない ・不本意ながら，うまく言葉にできなかった	15.5%

第2は，自分にとって都合の悪い結果を避けるために言わなかったという「自分志向」側面である。第3は，相手との関与を避けるために言わなかったという「関係距離確保」側面である。第4は，規範やその場の状況にあわせるために言わなかったという「規範・状況」側面である。第5は，言いたいのにうまく言葉にすることができず，不本意ながら言うことができなかったという「スキル不足」側面である。この分類から，発言を控えるという行動には，表現能力の不足のためにやむを得ず黙ってしまう場合や，自分にふりかかる悪い結果を避けるために黙るといった利己的な場合だけでなく，相手のことを思いやったり，周囲の状況を考慮したりして黙るという利他的な場合もあることが明らかになった。これら5つの側面に関わる発言抑制行動は，日誌法調査でも各側面において2割前後の回答率が確認されており，日常の相互作用においてある程度の頻度で生起していることが確認されている（畑中, 2004）。

3.2.3 発言抑制行動と精神的健康との関連

畑中（2003）は,「あなたの会話中の様子についてお伺いします」という教示の下で, **表 3.2** に示した5つの側面に分類された発言抑制行動が会話中に生じる頻度について5段階（5：よくある, 4：どちらかといえばある, 3：どちらともいえない, 2：どちらかといえばない, 1：ほとんどない）で測定し, 会話不満感および精神的健康との関連を検討している（詳しい解析方法は**図 3.4**の説明を参照）。男性では,「スキル不足」のために生じる発言抑制行動のみが会話不満感を増加させていたが, 精神的健康には影響を及ぼしていなかった。女性では,「スキル不足」のために生じる発言抑制行動の他に,「関係距離確保」のために生じる発言抑制行動も会話不満感を増加させ, 精神的健康を悪化させていた。一方,「規範・状況」にあわせるために生じる発言抑制行動は, 会話不満感を解消し, 精神的健康を促進していた。同様の検討を行った畑中（2005）は, 男性においても,「規範・状況」にあわせるために生じる発言抑制行動が会話不満感を解消し, 精神的健康を促進することを確認している。

つまり, 発言抑制行動は, 会話不満感を媒介して精神的健康にも影響しているが, 会話不満感や精神的健康は, 発言抑制行動が多いほど悪化するという一律な関係ではなく, 側面によって関連の仕方が異なっていた。具体的には, スキル欠如のために生じる発言抑制行動（「スキル不足」側面）は, 会話不満感を増加させ精神的健康を悪化させていた。一方, 周囲の状況を配慮して行われる発言抑制行動（「規範・状況側面」）は, 会話不満感を解消し, 精神的健康を促進していた。このように, 発言抑制行動をどのように行うかによって, 話し手の精神的健康の状態が左右されることが明らかになった。また, 全体的に, 男性よりも, 女性のほうが, 発言抑制行動によってより強い精神的影響を受けていた。この性差は, 女性が男性よりも会話をする機会が多いことや, 会話する相手への思いやりや人間関係の維持に重きを置いた会話が女性に強く期待されているという社会の性役割期待を反映しているものと考えられる。

したがって, 会話中に, 言いたいにも関わらず, 不本意ながら黙ってしまうことは精神的健康を損ないうるが, 周囲の状況や自分の立場を考慮して発言を控えることは, 当人の満足感を高め, 精神的健康を促進するという意味で, 望

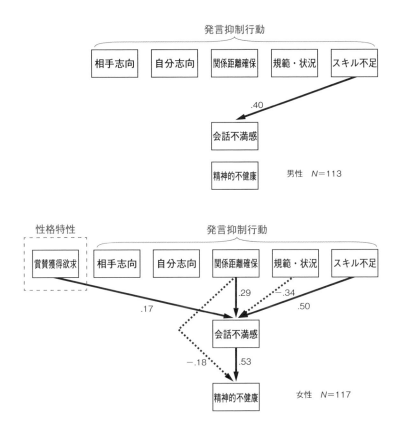

図 3.4　会話場面における発言抑制行動と精神的健康との関連（上：男性，下：女性）
　　（畑中，2003）

検討にあたって，図に表す水準（5側面の発言抑制行動，会話不満感，精神的不健康）に変数を分け，上段に位置する変数を原因（説明変数）とし，下段に位置する変数を結果（基準変数）とするパス解析を行った。具体的には，発言抑制行動を説明変数とし，会話不満感を基準変数とする解析と，発言抑制行動および会話不満感を説明変数とし，精神的不健康を基準変数とする解析を行った。

図中の矢印は変数間の影響関係を表し，実線の矢印は正の影響（一方の変数が増加するほど，他方の変数も増加する関係）を，破線の矢印は負の影響（一方の変数が増加するほど，他方の変数が減少する関係）を，それぞれ表す。矢印に付した数値は，矢印がもつ影響の大きさ（標準偏回帰係数）を示し，値の絶対値が大きいほど影響が強いことを表す。

表3.3 発言抑制行動決定時の意識内容の分類 (畑中, 2006)

〈因子名〉と項目例
〈適切性考慮〉 その相手に対して，どのくらい話しても大丈夫かを考える 相手は，自分の話を受け入れられる状態かどうかを考える
〈否定的結果懸念〉 相手から嫌われてしまうのではないかと思う 相手から拒否されてしまうのではないかと思う
〈関係回避〉 相手との関わりを避けようと思う こんな人は，放っておこうと思う
〈スキル欠如〉 どうせうまく話すことができないと思う 何を言ったらいいか分からなくて困る

ましく重要な行動と考えられる。

3.2.4 発言抑制行動の意思決定過程

　ここまでみてきたように，話さないという行為にはさまざまな動機が存在する。このことから，話さないという選択に至る心理過程が複数存在すること，また，その過程の違いから精神的健康への影響の違いを説明できる可能性が考えられる。こうした考えのもとに，畑中（2006）は，発言抑制行動に至る内的な過程を検討するために，発言抑制が生じやすい複数の会話状況（「友人に対する悩みの開示」「初対面の人との会話」など）を提示する場面想定法を用いた質問紙調査を行い，どのような判断や思考が生じるかを検討し，意思決定過程の推定を試みている。

　検討の手順としては，まず，発言抑制行動決定時に生じる意識内容を分類し，「適切性考慮」「否定的結果懸念」「関係回避」「スキル欠如」の4種を確認した（表3.3）。次に，これら4種の意識内容が，発言抑制行動決定時にそれぞれどのような組合せで生じているかを把握するために，4種それぞれの意識内容の生起の有無（もしくは高低）に基づき，意識内容のパターンを作成して，その

3.2 話さないことがもつ意味

表3.4 発言抑制行動決定時の意識内容のパターン
(畑中, 2006をもとに作成)

意識内容	採用パターン				4パターンの合計(%)
	①	②	③	④	
適切性考慮	○	○	○	○	
否定的結果懸念		○	○	○	
スキル欠如			○	○	
関係回避				○	
友人への自己開示状況での各パターンの割合	17.9%	37.8%	10.0%	14.4%	82.2%
初対面の人との会話状況での各パターンの割合	20.0%	34.7%	23.2%	4.2%	80.0%

パターン①は適切性考慮のみ,
パターン②は適切性考慮+否定的結果懸念,
パターン③は適切性考慮+否定的結果懸念+スキル欠如,
パターン④は適切性考慮+否定的結果懸念+スキル欠如+関係回避

生起割合を確認した。理論的には,「適切性考慮」のみが生じるパターンや,「適切性考慮」と「否定的結果懸念」が生じるパターン,4種すべてが生じるパターンなど,16通りのパターンが存在する。しかし,表3.4のように,特定の意識内容の組合せのみが多く生じており,発言抑制行動決定時の意識内容の生起パターンには特徴があることがうかがわれた。具体的には,①適切性考慮のみ,②適切性考慮+否定的結果懸念,③適切性考慮+否定的結果懸念+スキル欠如,④適切性考慮+否定的結果懸念+スキル欠如+関係回避の4パターンによって,全体の8割以上が説明されたのである。

仮に,意識内容パターンを構成する各意識内容の生起過程が直列的かつ1次元的な時間的順序性をもつと仮定すると,特徴的にみられた表3.4の4種のパターンから,「適切性考慮」「否定的結果懸念」「スキル欠如」「関係回避」という順序性が導出される。こうした順序性をもつ個々の意識内容を発言抑制行動決定過程の段階としてとらえ,採用された意識内容パターンを説明しうるルートを設けて模式図化したモデルが図3.5である。すなわち,発言するか抑制するかを決定する際には,まず相手の状態や周囲の状況をふまえた行動の適切性が判断され,次に行動後の否定的な結果の検討が行われ,その後,行動の実行

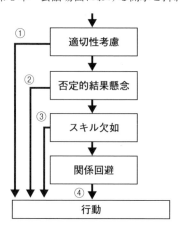

図 3.5 発言抑制行動決定過程モデル
丸数字は，表 3.4 と対応している。

に必要なコミュニケーション・スキルの欠如に関する意識が生じるという発言抑制行動決定過程が推定された。

　意識内容のパターンをもとに，社会的スキルや会話に対する不満感等のコミュニケーションに関わる個人特性を比較すると，パターン①（適切性考慮のみ）では，社会的スキルが高く，会話不満感が低いという特徴がみられた一方，パターン③（適切性考慮＋否定的結果懸念＋スキル欠如）では，社会的スキルが低く，会話不満感が高いという特徴がみられた。前項で述べた相手や状況を配慮した適応的な発言抑制行動（「相手志向」，「規範・状況」側面）は，適切性のみを考慮した意思決定により生じている可能性が高い一方，スキル不足のために生じる不適応的な発言抑制行動（「スキル不足」側面）は，適切性だけでなく，否定的な結果やスキルのなさを意識して意思決定が長引いた結果生じる可能性が考えられる。図 3.5 は仮説モデルであり，意思決定過程の順序性の実証的検討が課題として残されているが，適応的な発言もしくは抑制に至るために会話時に判断や考慮をする具体的な内容を示していることから，スキル・トレーニングへの応用可能性を秘めている。

3.3 まとめ

　本章では，日常生活の中で当たり前のように行われている話すあるいは話さないという行為の機能や，その心理過程を詳しくみてきた。全体的には，自分について話す程度はやや多いことが健康状態の良好さと関連しているが，話さないということ自体が不健康をもたらすわけではない。どのように話すか，どのような意思決定を経て「話す」あるいは「話さない」ということを選択するかによって，同じ行為でもまったく違った意味合いをもつことになる。また，絶え間なく行われている「話す」あるいは「話さない」という意思決定をいかにうまく遂行していくかが，個人の適応に影響するのである。さらに，日常の些細な行動を題材にして，それらが行為者の適応にもたらす影響が丹念に検討されてきた結果，日常の出来事のみならず，心的外傷体験後の健康の維持・回復に対する「話すこと」の意味が見出され，「話すこと」を構成するどのような要素が健康回復の鍵となるのかが徐々に明らかにされてきている。こうした知見をふまえつつ，個人の適応につながる意思決定や行動の指針をさらに明らかにしていくことが，「話す」あるいは「話さない」というささやかな行動を取り上げた研究の今後の課題の一つといえる。

第4章
恋愛関係の開始

仲嶺　真

　「いまはいないけれどいずれ恋人が欲しい」。このようなことを考えた人は結構な割合でいるのではないかと思う。ではどうしたら恋愛関係を始めることができるのか。恋愛関係を始めるにあたり重要な要因とは何なのであろうか。恋愛関係に関する心理学の研究はこれまでこのような疑問に応えようとしてきたし，実際に応えてきたと思われる。しかし，このような対症療法型アプローチは恋愛関係を理解することに貢献しているのであろうか。むしろ，「恋愛関係とは何か」を見えなくしてしまっているのではないであろうか。

　本章では，これまでの恋愛関係の開始に関する心理学のいくつかの研究を振り返りながら，先行研究にはどのような前提があったのかについて確認する。その後，その前提とは異なる観点から今後はどのように恋愛関係をとらえられるのかについて考えていく。具体的には，4.1 では恋愛関係開始にとって身体的魅力が重要であることを明らかにした心理学研究を紹介し，その前提に触れる。続く 4.2 ではその前提とは異なる角度から恋愛関係の開始を検討した研究を紹介する。最後の 4.3 では 4.1，4.2 に共通する前提を確認した後，恋愛関係をどのようにとらえられるかに関して今後の一つの展望を示したいと思う。

4.1　恋愛関係の開始にとって身体的魅力は重要

　恋愛関係に関する心理学の研究が本格的に行われるようになったのは 1970 年代といわれている。そこから数えると恋愛関係に関する心理学の研究は，約半世紀の間にわたって行われてきたともいえるし，約半世紀しか行われていないともいえる。このような約半世紀の間行われてきた恋愛関係に関する心理学の研究の中でも最初期の頃から研究され，今でも繰返し明らかにされており，

もはや自明にさえなっていることとして「恋愛関係の開始にとって**身体的魅力は重要**」という結果がある。

4.1.1 コンピュータ・ダンス実験

「恋愛関係の開始にとって身体的魅力は重要」であることを示した最初期の研究として有名なのはウォルスター他（Walster et al., 1966）のコンピュータ・ダンス実験（あるいはコンピュータ・デート実験）であろう。この実験では「新入生歓迎ダンスパーティ」を開催するという名目で大学の新入生が集められた（アメリカではこのようなパーティがよく開催されるらしい）。もちろん，新入生たちはこのパーティが実験であることを知らされていない（このように偽であることを真であるように意図的に信じさせることを**ディセプション**という）。新入生たちにはこのダンスパーティが普通のダンスパーティとは違うということ，現代でいうマッチング・アプリに近いことをしてくれるダンスパーティであるということを伝えられていた。すなわち，このダンスパーティは自分の興味や性格などの情報を事前に提供することでコンピュータが自動的に自分と相性がいい相手を選んでくれるという一風変わったダンスパーティであった。

多くの新入生が入場券を買いに集まり，自分の興味のあるものや性格についての情報を提供した。それらに基づいてコンピュータが自分にピッタリの相手を選んでくれると新入生たちは信じていた。しかし，ここが実験のポイントなのであるが，実際はそのようなマッチングをしていなかった。くじ引きのようにランダムに相手が決められていたのである。ただし，完全なランダムではなく，男子大学生の身長が女子大学生の身長よりも大きくなるような工夫はしていた。もちろん，新入生たちはこれらのことについて知らない。そしてもう一つ，新入生たちに知らされていないことがあった。実は新入生が入場券を買い，情報提供している間ひそかに実験協力者が新入生たちの身体的魅力を評定していた。すなわち，新入生は自分の興味や性格以外に身体的魅力についても情報提供をしていたのである。

何も知らない新入生たちは自分と相性がいいと信じこまされた相手とパーテ

ィをひとしきり楽しみ，パーティも終盤にさしかかった頃に簡単なアンケートを渡された。アンケートには「今日の相手と再びデートしたいか」といった相手に対する好意度を調べる質問が含まれていた。このアンケートに対して新入生たちがどのように答えていたかを調べることで，どのような人がデートしたい相手として選ばれているかがわかるというのがこの実験の仕組みであった。なお，ディセプションを含む研究の後には研究の全体的な説明（真の目的を説明するなど）を行う必要があることは忘れてはならない。この手続きは**ディブリーフィング**という。

　さて実験の結果はどうなっていたのであろうか。外向性の高い人が好かれていたのであろうか。それとも自尊心の高い人が好かれていたのであろうか。あるいは身体的魅力が同程度の人が好かれていたのであろうか。ちなみに，「身体的魅力が同程度の人が好かれる」はウォルスター他の仮説の一つであり，より詳しくいうと「デート相手を選ぶ際は理想水準（望ましい目標）よりも現実水準（達成できる目標）が用いられる」というものであった。仮説が支持されたかどうかを調べるためにアンケートを集計してみた。その結果，ウォルスター他の仮説は支持されていなかった。すなわち，身体的魅力が同程度の人はデート相手として選ばれていなかったのである。仮説に反して，この実験ではデート相手を選ぶ際は理想水準が用いられていることが明らかになった。すなわち，身体的魅力の高い人がデート相手として選ばれていたのである。さらに面白いことに（残念なことに？），身体的魅力以外はデート相手を選択する基準として機能していなかった。このようにして恋愛関係の開始には身体的魅力が重要であることが明らかになったのである。

4.1.2　日本でも同じ？

　「ウォルスターらの研究はアメリカでの結果だから信じられない」と思うかもしれない。しかし，日本でも同様の結果が得られている。ここではその一つとして松井・山本（1985）の研究を紹介しよう。この研究の目的は「美醜（身体的魅力）および美醜以外の外見の印象が好意度に及ぼす影響」を調べることであった。実験では男子大学生1名から5名が実験室に集められた。男子大学

生が取り組むことは，女子大学生の写真を見てその女子大学生の印象と好意度を答えることである。写真の女子大学生は男子大学生にとって初見であった。写真はポケットアルバムに収められており，男子大学生はそこに収められた写真10人分を1人分ずつ見ていった。ただし，男子大学生ごとにポケットアルバムに収められている写真の順番はバラバラになっていた。これは実験に無関係な変数（**剰余変数**）の効果を除去するために独立変数（この実験の場合は女子大学生の写真）の呈示順序等のバランスをとるように配慮したためである（この手続きは**カウンターバランス**といわれる）。10人分の写真を見終わると，「もしこの10人の女性の中で，あなたが本当にデートに誘うとしたら，どの人を誘いますか」と尋ねられた。男子大学生は10人の中からデートに誘いたい相手を1人選ぶことになった。

では実験の結果はどうなっていたのであろうか。印象が好意度に及ぼす影響を調べる前にまずは因子分析によって印象が4種類の側面に整理された。「家庭的な印象」「活発な印象」「しっかりとした印象」そして身体的魅力に相当する「美しい印象」の4側面である。これらの印象と好意度との関連を重回帰分析によって調べたところ，「家庭的な印象」がわずかに好意度に影響していた。しかし，この実験においても大きな影響力をもったのは「美しい印象」，つまり身体的魅力であった。実際にデートに誘いたいかどうかに至っては「家庭的な印象」の影響はなくなってしまい，「美しい印象」しか影響していなかった。すなわち，身体的魅力の高い女子大学生がデートに誘いたい相手として選ばれやすいことが明らかにされた。冒頭で述べた通り，日本においてもウォルスター他（1966）と同様に，身体的魅力が恋愛関係の開始にとって重要なことが示されたのである。

4.1.3　前提を問う

これまでウォルスター他（1966）と松井・山本（1985）の2つの研究をみてきた。これらの研究以降も身体的魅力に関する研究はさまざまに行われ，繰返し「恋愛関係開始にとって身体的魅力は重要」という結果が明らかにされている（越智，2013）。これだけをみると「ただしイケメンに限る」，「かわいいは

正義」といった言説はどのような場合にもあながち間違ってはいないように思えるであろう。

　ここで少し立ち止まり，ウォルスター他（1966）の実験，松井・山本（1985）の実験がどのように行われていたのかを改めて振り返ってみよう。ウォルスター他の実験は「新入生歓迎ダンスパーティ」と称して開催されていた。開催告知は新入生全員が受け取る冊子で広告された。その冊子は学生便覧のようなもので，新入生を対象としたイベントについての告知が掲載されていた。これらの事実から，恋愛関係を開始するかもしれない相手は「大学」に存在していることがわかる。松井・山本（1985）でも事情は同じである。実験に参加した男子学生は女子学生の写真を見ている。ここでも，男子学生が恋愛関係を開始するかもしれない相手は「大学」に存在していると考えられる。すなわち，どちらの研究も「大学」に存在する異性が恋愛関係を開始するかもしれない相手として前提とされていたといえる。ただし，ここで注意しなければならないのは括弧付きの大学（「大学」）が意味していることである。ここでの「大学」は，空間的な意味での大学ともいえるし，**社会的ネットワーク**（社会的な関係性の集合）としてみれば同類性（「同じ価値観を持っている」「同年齢」などの共通点があること）のあるつながり（Kadushin, 2012 五十嵐監訳 2015）ともいえる「場」のことを指している。ここでいう「場」とは，自明あるいは暗黙のうちにある種の意味が付与された状況設定のことである。これまでの研究結果は，前述したような「場」を前提としていたと考えられるのではないか。すなわち，これまで明らかにされてきた「恋愛関係開始にとって身体的魅力は重要」は「大学」においてのみ成立していたと考えることもできるのではないであろうか。

4.2　恋愛関係の開始にとって身体的魅力は本当に重要なのか？

　「恋愛関係開始にとって身体的魅力は重要」という結果が「大学」でのみ成立していると考えられるのであれば，「大学」ではない「場」でも同様の結果が得られるかどうかを確かめてみるというのは一つの方法であろう。「大学」

ではない「場」でも同様の結果が得られれば,「恋愛関係開始にとって身体的魅力は重要」という結果はどのような場合でも成立しそうなことが確証され,反対に,同様の結果が得られなければ,どのような場合でも成立するわけではないと考えられるであろう。このことを考えるために,本節では仲嶺（2015,2017）の研究を取り上げる。仲嶺（2015,2017）の研究では「街中」という「場」に着目している。前節と関連させていえば,「街中」は空間的にも同類性という観点からも「大学」とは異なる「場」である。このような「街中」に着目した仲嶺（2015,2017）の研究を手がかりに「恋愛関係開始にとって身体的魅力は重要」という結果について考えてみよう。

4.2.1 ナンパ研究を例に

　仲嶺（2015）の研究は,女子大学生を対象に街中で初対面の男性から話しかけられた経験,いわゆるナンパされた経験について調べるものであった。調査用紙に記された指示に沿って,女子大学生はもっとも印象に残っているナンパされた経験を思い出し,「男性からどのように話しかけられたか（話しかけられ方)」「話しかけられたときにどのように対応したか（対応方法)」「話しかけられたときにどのようなことを考えたあるいは感じたか（判断内容)」について答えた。この研究の目的は,「話しかけられたときの女性の判断内容が男性に対する女性の対応とどのように関連するか」を調べることであり,その判断内容の一つとして身体的魅力に関する内容（相手の顔が好みのタイプなど)が含まれていた。

　では結果をみていこう。まず話しかけられ方と対応方法との関連が数量化理論第Ⅲ類によって検討された。その結果,街中で初対面の男性から話しかけられた女子大学生がその男性にどのように対応するかについては,大きく分けると会話する場合と会話しない場合の2パターンあった。これ自体は当然の結果といえる。重要なのはこれらのパターンと判断内容との関連である。ナンパしてきた男性に女性が対応しなければそもそも恋愛関係は開始しないことをふまえると,もし「恋愛関係開始にとって身体的魅力が重要」なのであれば,「話しかけてきた男性の外見的魅力が好み」と女子大学生が判断した場合,女子大

4.2 恋愛関係の開始にとって身体的魅力は本当に重要なのか？

学生は男性と会話すると考えられる。一方，「話しかけてきた男性の外見的魅力が好みではない」と女子大学生が判断した場合，女子大学生は男性と会話しないと考えられる。すなわち，会話するかしないかという 2 パターンと身体的魅力に関する判断内容との間には関連が示されると予想される。これらのパターンと判断内容との関連を検討したところ，女子大学生が男性と会話するかしないかには危険かどうかについての判断（相手に嫌なことをされそうなど）や男性の人柄についての判断（相手は良い人であるなど）が関連しており，男性の身体的魅力に関する判断はほとんど関連していなかった。「街中」での恋愛関係開始にとって身体的魅力は重要ではないことが示唆されたのである。

同じような示唆は仲嶺（2017）の研究でも得られている。仲嶺（2017）の研究は，ナンパされた女性の意思決定過程を実験によって明らかにしようというものであり，女子大学生を対象に情報モニタリング法という実験手法が用いられた。情報モニタリング法とは，意思決定が必要な場面を呈示した際に検索した情報から情報検索過程を推定するための実験手続きである。仲嶺（2017）の研究では，この手続きを用いて検討された情報検索過程から意思決定過程を推定していた。仲嶺（2017）の実験に沿って具体的な実験手続きを説明しよう。実験ではまず実験参加者である女子大学生に対してモニタ画面が 3 つのセクションに分割された初期画面が呈示された（図 4.1）。初期画面の上部には「昼間，繁華街を歩いていると初対面の男性が話しかけてきました」のようなナンパされる場面が表示され，左下部には対応の選択肢の一覧（会話する，無視する，足早に立ち去る，断る）が表示され，右下部には情報の選択肢の一覧が表示された。情報の選択肢とは，たとえば「男性の見た目」「男性の人柄」というような，表示されているナンパ場面に遭遇した際に女性が検索すると考えられる 6 種類の情報（危険度，男性の人柄，男性の意図，男性の相貌，自分の予定，周囲の状況についての情報）の一覧であった。このような初期画面が呈示された後，女子大学生は表示されたナンパ場面を読み，その場面に遭遇していると想像し，その場面でどのような対応をとるかについて選択した。ただし，必要であれば，対応の選択肢を選ぶ前に情報の選択肢を選択することもできた。情報の選択肢を選んだ場合は，初期画面から別画面に切り替わり，選択した情

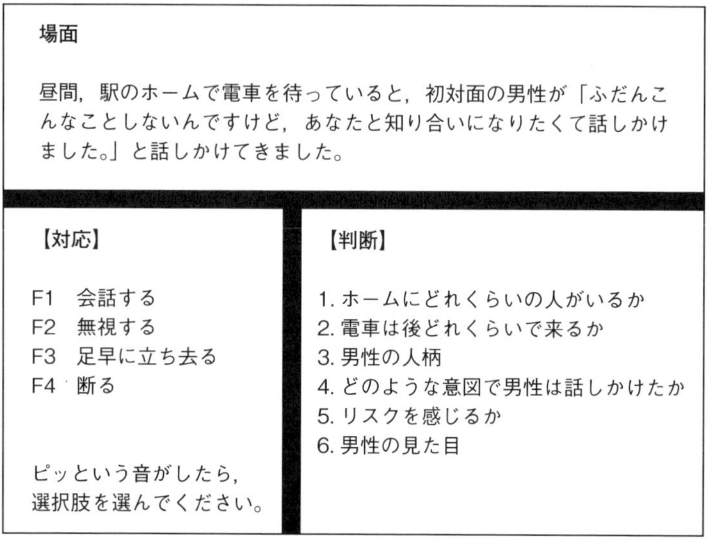

第4章　恋愛関係の開始

```
場面
昼間，駅のホームで電車を待っていると，初対面の男性が「ふだんこ
んなことしないんですけど，あなたと知り合いになりたくて話しかけ
ました。」と話しかけてきました。
```

【対応】	【判断】
F1　会話する F2　無視する F3　足早に立ち去る F4　断る ピッという音がしたら， 選択肢を選んでください。	1. ホームにどれくらいの人がいるか 2. 電車は後どれくらいで来るか 3. 男性の人柄 4. どのような意図で男性は話しかけたか 5. リスクを感じるか 6. 男性の見た目

図4.1　仲嶺（2017）の研究の初期画面の例

報の内容が別画面において呈示された。たとえば，「男性の見た目」という情報の選択肢を選択した場合，別画面において「好きでも嫌いでもありません」のような当たり障りのない内容が呈示された（他の情報の選択肢を選んだとしても当たり障りのない内容が呈示されるように設定されていた）。一定時間経過後，別画面は初期画面へと戻り，女子大学生は改めて対応の選択肢を選んだ。この場合も必要であれば情報の選択肢を再度選ぶことができ，同じ選択肢を選ぶことも可能であった。少し実験手続きが複雑になってきたかと思うので，ここで簡単に実験の流れをまとめておこう。表示されているナンパ場面に遭遇したと想像している女子大学生は，対応の選択肢を選ばなければならない。ただし，必要であれば好きなだけ情報の選択肢を選ぶことができる。情報の選択肢を選んだ場合はその情報に関する当たり障りのない内容が呈示されるので，女子大学生はそれらの情報をもとに対応の選択肢を選ぶことになる。以上の手続きを通して仲嶺（2017）の実験で調べられていたのは，女子大学生は対応の選択肢を選ぶ前に，どのような情報をどれだけの回数，どのような順序で選択するのか，そしてどのような対応の選択肢を選ぶのかということであった。

この実験の結果得られたデータに対していくつかの分析が行われた。分析の結果は主に3つに集約される。第1に，女子大学生が情報を選択する回数は平均して約2回であった。第2に，ナンパのような騙されて危険な目に遭う可能性のある状況（社会的不確実性が高い状態）において重要な情報である危険度，男性の人柄，男性の意図についての情報が前半で検索されやすく，それ以外の情報（男性の相貌，自分の予定，周囲の状況）は後半で検索されやすかった。第3に，実験では大別して3つの場面が呈示されていたが，その中でもリスクが相対的に高いと考えられる場面では，女子大学生はそもそも情報を選択しないことが多く，また，会話するを選択しないことも多かった。

以上の結果から，仲嶺（2017）の研究では大別して2パターンの意思決定過程が推定された。第1に，ナンパされたときにリスクや不快感がきわめて高いと女性が感じた場合は情報を調べることなく，男性と会話しないパターンである。第2に，ナンパされたときにリスクや不快感を女性があまり感じない（あるいはリスクがあるかどうかが分かりにくいと感じる）場合は社会的不確実性が高い状態において重要な情報をまず検索し，その後にそれ以外の情報を検索して会話するかどうかを決めるパターンである。ここから分かるのはすなわち，ナンパされた女性が男性と会話するかどうかにおいては，そもそもリスクを感じるかどうかや，社会的不確実性が高い状態において重要な情報がまず先行するのであり，身体的魅力（仲嶺（2017）の実験では男性の相貌に相当）が優先的に考慮されているわけではないということである。ここでも「街中」での恋愛関係開始にとって身体的魅力があまり重要ではないことがうかがえるであろう。

4.2.2 前提についての注意

このように「恋愛関係開始にとって身体的魅力は重要」という結果は「大学」という「場」で成立し，「街中」という「場」では成立しないと考えられる。繰返しになるが，重要なことは空間的な意味での大学か街中かということではない。たとえば，フィッシャーとコックス（Fisher & Cox, 2009）は「街中」においても「恋愛関係開始にとって身体的魅力は重要」という結果を

示している。ただし，彼女らの研究における「街中」は研究が行われた大学の近くに設定されていた。すなわち，彼女らの研究が実施された土地や大学の状況などの詳細な検討が必要ではあるものの，彼女らの研究における「街中」は，大学の近くに設定されていたという点においては「大学」に近い「場」であった可能性がある。そのために「身体的魅力は重要」という結果が得られたのかもしれない。研究で得られた結果だけに着目するのではなく，どのように研究が実施されているのかを把握しておくことも必要であろう。

4.2.3 別の解釈の可能性

　本節では「大学」か「街中」かという違いによって「恋愛関係開始にとって身体的魅力は重要」という結果が異なる可能性について説明してきた。しかし，これ以外の別の解釈ができるのではないかと疑問に思う人もいるかもしれない。その解釈の一つとして，たとえば，「恋愛関係開始にとって身体的魅力は重要」という結果は段階によって違うのではないか，という解釈がありうるであろう。すなわち，仲嶺（2015, 2017）の研究で扱っている場面は知り合ってすぐの段階である一方で，ウォルスター他（1966）の研究や松井・山本（1985）の研究は知り合ってしばらくしてからの段階である。このような段階の違いによって「恋愛関係開始にとって身体的魅力は重要」という結果が異なったのではないかという解釈である。恋愛の進展段階によって重要となる要因が異なるという結果もあるため，確かに上記のような解釈でも十分妥当であると考えられる。

　しかし，いずれの解釈が正しいかに着目するよりも別の観点をとるほうが恋愛関係の理解にとって有益であるのではないかということを次節では示そうと思う。なぜなら「大学」か「街中」かという解釈を行うにしても段階による違いという解釈を行うにしても，これまでに紹介した研究にはある共通した前提が存在するためである。言い換えるならば，これまでに紹介した研究には共通して前提とされている「場」があるということになる。すなわち，ウォルスター他（1966）の研究にしろ，松井・山本（1985）の研究にしろ，仲嶺（2015, 2017）の研究にしろ，それらには共通して前提とされている「場」があり，その前提をおかないほうが恋愛あるいは恋愛関係の面白さをとらえられると考え

られる。どのような「場」がこれまで前提とされていたのか，今後はどのような観点をとるほうが恋愛あるいは恋愛関係がもつ豊かさをよりとらえられるのかについて次節ではみていこう。

4.3 「恋愛心理学」に求められるもの

　前節までは「恋愛関係開始にとって身体的魅力は重要」という結果を例として議論を始め，ある結果がどのような「場」を前提として得られているのかに注意を払う必要があることを述べた。そして，前節までに詳述した4つの研究には実は共通して前提とされている「場」があり，それとは異なる観点をとることで恋愛あるいは恋愛関係をより理解できる可能性があることを最後に少しだけ予告した。本節ではこの点について説明していく。まず前節までに紹介した研究で共通していた「場」とは何かを述べる。その後，身近な事例をもとに，これまでの前提でその事例をとらえると事例がもつ現象としての奥深さを失わせてしまう可能性を指摘する。現象としての奥深さ，つまり恋愛あるいは恋愛関係の奥深さを失わないためにどうすればよいのかについて，翻って恋愛あるいは恋愛関係に関する心理学の研究（「恋愛心理学」）はそれらを理解するために今後どのようなことを考える必要があるのかについて，一つの方向性を考察してみようと思う。

4.3.1 「開始点」は存在するのか

　前節までに紹介した研究に共通して前提とされていた「場」を考えるにあたり，まずはそれらの研究について改めて簡単に振り返ってみよう。ウォルスター他（1966）の研究はダンスパーティに参加した大学生を対象にした実験であった。ダンスパーティではランダムに組み合わされた異性同士が出会い，パーティを楽しんだ後，「今日の相手と再びデートしたいか」といった相手への好意度が調べられた。松井・山本（1985）の研究は男子大学生を対象にした実験であった。初対面の女子大学生10名の写真を男子大学生が照覧し，女子大学生への好意度やデートに誘いたい相手が調べられた。仲嶺（2015, 2017）の研

究は女子大学生を対象にした調査および実験であった。ナンパされた，あるいは，ナンパされたと想像した女子大学生がどのような考えをもとにして男性と会話するのか，あるいは，会話しないのかが調べられた。

　以上のようにこれまで紹介してきた研究を簡単に振り返ってみたが，これだけでも共通して前提とされている「場」がいくつか発見できるであろう。たとえば，研究の対象者が大学生ということや，異性関係が念頭におかれているということがあげられる。これらの点に関する指摘はこれまで繰り返されており（立脇他，2005；髙坂，2016），今さらここで繰り返す必要もないことかもしれない。これらの点は重要であり，今後の「恋愛心理学」が考える必要がある方向性の一つであろう。

　ただし，本節で取り上げたい「場」は上述のものとは趣が少し異なる。すなわち，本節で取り上げたいことは，これまで紹介してきた研究では恋愛関係の「開始点」が設定されているということである。ウォルスター他（1966）の研究では，「今日の相手と再びデートしたいか」と尋ねることでデートしたい相手（あるいはしたくない相手）との「開始点」が設定されている。松井・山本（1985）の研究でも，女子大学生の写真を照覧した男子大学生に好意度を尋ねることでデートしたい相手との「開始点」が設定されている。仲嶺（2015, 2017）の研究でも，初対面の男性から話しかけられた女性がその男性と会話する（あるいは会話しない）という「開始点」がある。これまで実施されてきた多くの恋愛関係開始に関する心理学の研究では，このように関係が始まりうるタイミングという「開始点」を設定してきたのである。

　確かに恋愛関係の当事者同士において関係が始まるタイミングがなければそもそも恋愛関係は開始することさえないという意味では開始点が存在している。しかし，そのような「開始点」を研究の中で設定して恋愛関係を理解することができるのであろうか。そもそも恋愛関係に「開始点」は存在するのであろうか。

4.3.2　文脈をとらえる

　恋愛関係の「開始点」を考えるために事例を一つあげよう。以下は，ある恋

愛関係開始についての関係者たちの語りをまとめたものである。

　ナオ君とヒデ君，ナギちゃんとサナちゃんは同期入社の4人組。ある日，東京で研修があり，各地区の同期たちが集まった。関西地区で採用された4人は会社が用意したホテルに宿泊。そのホテルでは他の地区で採用された同期たちも宿泊しており，複数名の同期で集まって雑談をしていた。その雑談では会社の話や恋愛の話などいろんな話をした。ナギちゃんは恋愛の話が好きで同期の恋愛相談にのっていた。夜もふけてきたので会はお開きとなったが，関西採用の4名はその場に残り少し話を続けていた。ヒデ君はサナちゃんに好意を寄せていたので2人で楽しそうに話していた。ナギちゃんは，ヒデ君がサナちゃんに好意を寄せていることに薄々勘づいていたので2人の邪魔はせず，ナオ君と話していた。ナオ君とナギちゃんはきちんと話すのはそのときが初めてといってもいいくらいであったが，なぜかナオ君はナギちゃんに恋愛相談をしていた。その恋愛相談の中で，ナオ君はナギちゃんに怒られることになる。しかし，それをきっかけとしてナオ君はナギちゃんに興味をもつ。研修が終わり関西に戻ってあまり日がたたないうちに，ナオ君はナギちゃんを食事に誘い，数回のデートを経て交際に至った。　　　　　　　　　　　（名前はすべて仮名である）

　この事例をみたときにそれぞれの研究者はどのような研究を思いつくであろうか。仲嶺であればそもそもこのような「場」とは異なる「場」を設定しているためこの事例を扱うことはないかもしれない。ウォルスター他であれば研修に着目し，その中において「開始点」を設定した研究をするかもしれない。あるいは，ナオ君とナギちゃんの事例に寄せて，少人数の雑談会を企画しその中で「開始点」を設定した研究を実施するかもしれない。このように「開始点」が設定された研究において，確かにナオ君はナギちゃんに身体的魅力を感じ，好意をもったかもしれない。しかし，このような「開始点」，つまり研修や雑談会で出会い興味をもつようになることは2人の恋愛関係の「開始点」として妥当なのであろうか。この事例をみる限り，そのような「開始点」は妥当とはいえないと思われる。

第4章　恋愛関係の開始

たとえば，ナオ君がナギちゃんに怒られて興味をもつようになることは一見すると「開始点」のようにみえる。しかし，ナギちゃんが同期の恋愛相談にのっていなければナオ君はおそらく恋愛相談をナギちゃんにしていなかった。なぜならナギちゃんが同期の恋愛相談にのっている姿をナオ君は見ており，その姿を見てナオ君はナギちゃんに恋愛相談をしようと思ったからである。さらにいえば，そのような恋愛相談をするための2人で話す機会さえ，ヒデ君がサナちゃんに好意を寄せていなければ生じなかったとも考えられる。さらに付け加えるのであれば，そもそもナオ君に恋愛相談の案件がなければ，ナギちゃんにこの件で怒られるという出来事さえ起きなかった。こうしてみていくと，「開始点」はどこなのかが曖昧になってくるのではないであろうか。

上記は一つの特殊事例であると思われるかもしれないので，別の恋愛関係開始についての事例もみてみよう

リカさんとダイ君は同じサークルの先輩と後輩。ダイ君は約1年前に派手系の彼女と別れ，やっと心の傷が癒えてきた頃。そのような時期におとなしめのリカさんは友達に連れられ，サークルに入会した。ダイ君はリカさんをひと目見てかわいいなと思う。リカさんはとりたててダイ君に好意をもっていたわけではなかった。サークルで2度目に会ったときにダイ君はリカさんに連絡先を聞く。それからほぼ毎日のようにメールでやりとりをする。時折ダイ君は好意をアピールするものの，リカさんはそのアピールを流し続ける。夏休みに入り，実家に戻ったダイ君はダラダラ過ごしていたのでメールの返事がおろそかになる。リカさんはこれまで毎日のようにメールをしていたダイ君からの連絡が途絶えがちになることで寂しさをおぼえ，ダイ君が好きなのかもと思い始める。実家から戻ってきたダイ君にリカさんは好意を伝える。ダイ君は急なことに驚くものの，そこから2人はデートを重ね，無事に交際に至った。

（名前はすべて仮名である）

この事例の場合，「開始点」はどこなのであろうか。ダイ君がリカさんに「かわいいな」と思った時点であろうか。それとも，ダイ君との連絡が途絶え

がちになりリカさんが寂しさを感じた時点であろうか。仮にダイ君がリカさんに「かわいいな」と思った時点を「開始点」とみなしたとしても，ダイ君が元カノと関係を続けていたら，あるいは，心の傷が癒えていなかったら，その「開始点」は存在しなかったのではないか。あるいは，ダイ君の元カノが派手系でなければ，その真逆のおとなしいリカさんを選ぶこともなかったのではないであろうか。これとは別に，仮にダイ君との連絡が途絶えがちになりリカさんが寂しさを感じた時点を「開始点」とみなしてみよう。その場合も事情は同じで，ダイ君が実家に帰らなければリカさんが寂しさを覚えることもなく，この2人の恋愛関係は始まることもなかったのではないか。このように，確かにある時点が「開始点」のようにみえたとしても，実は**文脈**を抜きにしては「開始点」は成立しえないし，そうなるとどこに「開始点」をおくかは曖昧になってくるであろう。

　以上の2つの事例から分かる通り，恋愛あるいは恋愛関係の開始は事前に設定できるものではないし，あらかじめ分かるようなものでもない。おそらく「開始点」は事後的に構成される。もちろんウォルスター他（1966）の研究や松井・山本（1985）の研究，仲嶺（2015, 2017）の研究が「開始点」を事前に設定しているから問題があるといっているわけではない。そのような設定のもとで行う研究も，それに自覚的であれば意味をなすであろう。すなわち，自分たちの研究ではどのような「場」を構成しており，それが現実の恋愛あるいは恋愛関係においてどのように位置づくのかを考慮した上であれば，それらの研究も意味をなすであろう。しかし，現実の恋愛あるいは恋愛関係の当事者においては「ここが2人の出会いのとき」として意味づけられるそのときが恋愛あるいは恋愛関係の「開始」なのであり，恋愛あるいは恋愛関係自体に開始があるわけではないと考えられる。

　これまでの事例でみてきたように，恋愛あるいは恋愛関係自体もある「場」において生じている。その「場」は複雑であり，そのような複雑な「場」でしかある出来事は起こらない。ナオ君とナギちゃんの「恋愛」も，リカさんとダイ君の「恋愛」も，「場」の存在を無視して語ることはできない。「恋愛心理学」はこのような複雑な「場」を，そして文脈をとらえていくことが今後の重

要な課題と考えられる。

4.3.3 「恋愛」のこの先

　恋愛や恋愛関係に対して現代の人々の多くは高い価値をおいている。これは「恋愛心理学」も例外ではないであろう。しかし，恋愛あるいは恋愛関係は生活の一部であり，生活のさまざまな要素と連関して生起する（福島，2016）。これまでの議論に引きつけて換言すれば，恋愛あるいは恋愛関係は複雑な「場」で起こる特定の出来事の一つであるといえる。そして，人間はそのような「場」や出来事をつくりだすことができる。なぜなら「場」とは自明あるいは暗黙のうちにある種の意味が付与された状況設定のことであり，出来事とは私たちの日常的な営みに他ならないためである。このようにとらえたとき，恋愛あるいは恋愛関係はなくてはならないものではなく，必要に応じてつくっていけるものになるであろう。恋愛関係開始が Relationship Initiation から Relationship Creation になるとき，そして Creation＝つくるという観点の下に恋愛関係の「開始」や「維持」という区切りがそもそも存在しなくなったとき，私たちは「恋愛」を理解する入り口に立てるのではないかと思う。

第5章
恋愛関係の維持

古村健太郎

　ある2組のカップルがいる。一方は，2人で楽しい時間を過ごし，互いに支え合い，互いを大切な存在と考えている。もう一方は，互いに不満を抱え合い，ケンカが絶えないにも関わらず，別れられずにいる。これらのカップルの関係を維持させている要因は同じなのであろうか。また，これらのカップルの違いは，社会的適応や個人的適応に異なる影響を与えるのであろうか。本章では，恋愛関係を維持させる要因について検討した研究や，恋愛関係が当事者に与える影響を検討した研究を紹介していく。

5.1　相互依存する恋人たち

　恋愛関係を維持する要因は何であろうか？　この問いについて，リ他（Le et al., 2010）による恋愛関係の維持を扱った縦断的研究のメタ分析[1]は，以下の2点を明らかにした。第1に，パーソナリティなどの個人差要因よりも愛情や関係満足度などの関係性要因の影響が大きかった。第2に，関係性要因では，**コミットメント**（relationship commitment），愛情，ポジティブ・イリュージョンの影響が大きかった。この中でも，「関係を維持しようとする意思」を意味するコミットメントは，関係維持への影響力の大きい重要な要因であることが繰り返し指摘されている（Cate et al., 2001；Johnson, 1991；Le & Agnew, 2003；Lydon et al., 2005；Rusbult et al., 1998）。そこで本章ではコミットメ

---

[1] 縦断的研究とは，同一対象者や同一集団を対象に2時点以上のデータを収集し，比較を行う手法である。また，メタ分析とは，同じテーマの複数の研究結果を量的に統合する手法のことである。

ントに注目し，コミットメントがどのように形成され，どのように関係維持に影響するのかについて，**相互依存性理論**（Kelley et al., 2003；Thibaut & Kelley, 1978）の枠組みから説明する。

5.1.1 相互依存性理論

　恋愛関係や夫婦関係といった親密な関係では，二者双方が互いの行動やその結果に影響を与え，また，二者双方が互いの欲求を充足し合う。たとえば，ある休日，彼氏はサッカー観戦をしたいとする。このとき，彼女もサッカー観戦が好きでサッカー観戦をしたければ，互いの欲求を満たすことができる。一方，もしも彼女がインドア派で，休日はできるだけ外に出ずゆっくりしたいのであれば，休日に何をするかについてカップルで対立が生じうる。恋愛関係の進展による差や対立の程度の差こそあれ，この例のようにカップルの一方の行動やその行動によって得られる結果がもう一方の存在によって影響されることは，恋愛関係の特徴の一つである。そして，望ましい結果を得ることをパートナーとの関係に頼る程度は**依存性**（dependence）と呼ばれる（Rusbult et al, 2012）。関係への依存は親密な関係の中心的な特徴であり，依存性が高くなるほど二者の相互作用は維持され，関係が長期的なものとなっていく（Rusbult & Van Lange, 2003）。

5.1.2 投資モデル

　では，関係への依存性はどのように高まるのであろうか。ラズバルト（Rusbult, 1983；Rusbult et al., 1998）が相互依存性理論を基に発展させた**投資モデル**（Investment Model）では，依存性を高める要因として**関係満足度**（satisfaction），**代替選択肢の質**（quality of alternative），**投資量**（investment）があげられている（図5.1）。関係満足度は，パートナーとの関係によって重要な欲求（親密さの欲求，性的欲求，ケアの欲求など）がどのくらい充たされているかの程度を意味する。代替選択肢の質は，パートナーとの関係以外で重要な欲求がどのくらい満たされているかの程度を意味する。なお，代替選択肢の範囲は，他の異性関係だけではなく，友人関係，家族関係，職場，自分自身な

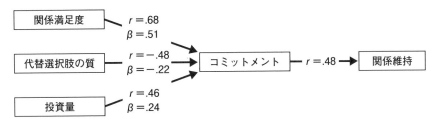

図 5.1 投資モデルの要因間の関連（Le & Agnew, 2003 のメタ分析の結果を基に作成）
r と $β$ は効果量（関連の大きさ）を示す。

ど多岐に渡る。投資量は，パートナーと別れると価値を失ってしまうような，パートナーとの関係に結びついた重要な資源の多さと重要さを意味する。ここでの資源には，過去に関係に費やされた有形の資源（たとえば，お金やペット），過去に関係に費やされた無形の資源（たとえば，時間や自己開示），将来的に関係に費やされるであろう有形の資源，将来的に費やされるであろう無形の資源（たとえば，旅行の計画）などが含まれる（Goodfriend & Agnew, 2008；Rhoades et al., 2011）。

　関係への依存性は，関係満足度の高さ，代替選択肢の質の低さ，投資量の高さによって高まる。すなわち，パートナーとの関係で重要な欲求が満たされている（関係満足度が高い）ことは，当事者が関係を続けたいと感じる状態にする。パートナーとの関係以外で重要な欲求を満たされていない（代替選択肢の質が低い）ことは，当事者が関係を続けるしかないと感じる状態にする。関係と結びついた重要な資源が多い（投資量が多い）ことは，当事者が関係を続ける必要があると感じる状態にする。

　そして，依存性の高さは，コミットメントの強さとして経験される。投資モデルでは，コミットメントが「長期的志向性や心理的愛着を含む関係継続意思」と定義される（Rusbult et al., 1998）。したがって，依存性の高まりによってコミットメントが強くなることで，当事者は，自分のことよりも2人の関係の将来について考えるようになり（長期的志向性），パートナーと一体感を感じることで自分を関係の一部と考えるようになり（心理的愛着），関係を維持させよう（関係継続意思）と考えるようになるのである。このように，関係

満足度や代替選択肢の質,投資量によって強められた依存性は,コミットメントの強さとなって経験され,関係の維持に強く影響するようになる。

5.2 コミットメントと関係維持

依存性の高まりによって強められるコミットメントは,関係維持に強く影響する。たとえば,コミットメントの強さは,新婚夫婦関係が10年後に維持されているか(Schobei et al., 2012),恋愛関係が15年後に維持されているか(Bui et al., 1995)を予測する。また,恋愛関係の維持に影響する要因を検討したメタ分析(Le & Agnew, 2003;Le et al., 2010)でも,コミットメントは関係維持に対して高い効果量を示すことが明らかになっている。

5.2.1 コミットメントがもたらす関係維持活動

コミットメントが関係維持に強く影響する理由は,関係内で生じた出来事に関する認知や感情,行動を関係が維持される方向に導く役割を果たすためであり,その傾向は関係崩壊の可能性が高まる状況において顕著になる。たとえば,彼氏がサッカー観戦をしたく,彼女が部屋でのんびりしたいとする。この場合,二者が一緒に過ごすためには,やりたいことをどちらかが諦めなければならない。このような二者の対立状況において,コミットメントの強い人は,自分のしたいことや望むことを関係のために我慢し,自己犠牲を払いやすい(Van Lange et al., 1997)。実際,ファン・ランゲ他(1997,研究4)の階段昇降運動を用いた実験では,ベースラインの心拍を超えた状態で昇り降りをするごとに恋人に10セントが支払われるという条件が設定され,昇降運動が行われた。その結果,ステップ数とコミットメントに正の相関が示された。この結果は,コミットメントが強い人ほど,恋人が得をするために自己を犠牲にして昇降運動を多く行っていたと解釈できる。

また,恋愛関係では,パートナーが悪意のある発言をするなどパートナーのネガティブな行動が原因の葛藤や,恋人が何らかの関係のルールを破ったり,屈辱を与えたりするような振る舞いが原因の葛藤が生じることもある。コミッ

トメントが強い人は，これらの葛藤において報復をしたいという衝動を抑え，寛容で建設的な行動をとりやすくなることも明らかにされている（Finkel et al., 2002；Rusbult et al., 1991；Slotter et al., 2012）。なお，このような報復への衝動の抑制には，コミットメントがパートナーのネガティブな行動をネガティブだと評価させないバイアスを生じさせることが関わっている（Finkel et al., 2002；Menzies-Toman & Lydon, 2005）。

パートナー以外の魅力的な異性の存在も，関係崩壊の脅威が高まる状況である（Lydon, 2010；Lydon & Karremans, 2015）。しかし，コミットメントの強さは，魅力的な異性を低く評価すること（Johnson & Rusbult, 1989）や，魅力的な異性への注意の短さ（Miller, 1997）と関連する。すなわち，コミットメントは，パートナー以外の異性への注意や評価を低くすることで，パートナーとの関係を守る役割を果たすのである。ただし，コミットメントが魅力的な異性の評価を低める効果は，その魅力的な異性に恋人がいないなどの要因（利用可能性）によって異なる（Lydon et al., 1999；Lydon et al., 2003；Lydon et al., 2008）。

5.2.2 コミットメントの相互循環成長 (mutual cycle growth)

パートナーとの対立時や関係崩壊の危険性が高まった際の関係維持活動は，その行使者にとって熟考を必要とするような負担の大きな行動でもある。実際，パートナーのネガティブな行動に対して報復したいという気持ちを抑制して建設的な行動をとることは，反応時間を抑制すると生じにくい（Yovetich & Rusbult, 1994）。しかし，負担の大きい関係維持活動がパートナーに認知されれば，パートナーからの信頼は高まり，結果としてパートナーのコミットメントを強めることになる。

この過程を示したのが，**コミットメントの相互循環成長**（mutual cycle growth of commitment；Weiselquist et al., 1999）である（図5.2）。相互循環成長の過程では，まず，依存性の高さがコミットメントを強める（パスa, パスa'）。強められたコミットメントは，先述したような関係維持活動を促す（パスb, パスb'）。行使された関係維持活動がパートナーに認識されれば

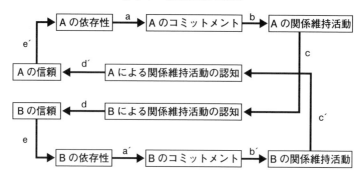

図 5.2 コミットメントの相互循環的成長（mutual cycle growth of commitment）
（Weiselquist et al., 2003 を基に作成）

（パス c，パス c'）。パートナーは関係維持活動の行使者に対し信頼を高め、現在も将来も自分をケアしたり、自分の欲求に応えたりしてくれるというポジティブな期待を強める（パス d，パス d'）。その結果、パートナーはさらに 2 人の関係への依存性を高める（パス e，パス e'）。したがって、コミットメントによって促進される関係維持活動は関係を維持させるだけでなく、パートナーからの信頼を高めることでパートナーの自分に対する依存性を高め、それによってパートナーのコミットメントを強め、二者双方の関係への依存性を強めていくのである。

5.3 投資モデルやコミットメントに関する近年の研究

これまで述べてきたように、投資モデルはコミットメントの形成過程とコミットメントが関係を維持する過程を明らかにしたモデルである。現在でも投資モデルを扱った研究が重ねられ、モデルは拡張されている。ここでは、投資モデルを拡張した研究をいくつか紹介する。

コミットメントは関係満足度の高さ、代替選択肢の質の低さ、投資量の高さによって強められるが、それ以外にもさまざまな要因がコミットメントを強める。エチェヴェリーとアニュー（Etcheverry & Agnew, 2004）やエチェヴェリー他（Etcheverry et al., 2008）は、恋愛関係に対する外部の人々の影響を

検討し，周囲の人々の影響が，関係満足度や代替選択肢の質，投資量と同様にコミットメントを強めることを明らかにした。また，シンクレア他（Sinclair et al., 2014）は，恋人との関係に対する周囲の人々の肯定的態度とコミットメントとの関連に関するメタ分析を行い，コミットメントの強さと周囲の人々の肯定的態度が正の関連を示し，その効果量が中程度（$g = 0.62$）であることを明らかにした。これらの結果は，恋人との関係に対する周囲の人々の否定的態度が愛情やコミットメントを強めるとするロミオとジュリエット効果（Driscoll et al., 1972）を支持しない結果である。ロミオとジュリエット効果は再検討される必要があろう（Sinclair & Ellithorpe, 2014；Driscoll, 2014）。

クルデック（Kurdek, 2007）は，恋人と別れることによって生じる損失を避けようとする回避動機を投資モデルに加えた。その結果，回避動機の強さはコミットメントの弱さと関連することが明らかになった。また，クルデック（2007）は，関係満足度の高低によって，コミットメントと代替選択肢の質や投資量，回避動機の関連の大きさが異なるのかも検討した。その結果，異性愛カップルでは，関係満足度が高い場合よりも関係満足度が低い場合に，投資量とコミットメントとの関連が強くなっていた。一方，同性愛カップルでは，代替選択肢の質や投資量，回避動機のいずれも，関係満足度が高い場合よりも低い場合に，コミットメントと強く関連していた。

依存性の高さとコミットメントの関連に媒介要因が存在することを示唆する研究も存在する。リメイ（Lemay, 2016）は，関係満足度の高さ，代替選択肢の質の低さ，投資量の多さが予期された関係満足（forecasted satisfaction）を高め，予期された関係満足がコミットメントを高める媒介過程を検討した。予期された関係満足とは，パートナーとの関係が将来も欲求を充たしてくれる期待のことである。予測は支持され，関係満足度や代替選択肢の質，投資量はコミットメントを直接的に強めるだけではなく，予期された関係満足に媒介されたコミットメントを強めることが明らかになった。

さらに，コミットメントの変動のしやすさが関係維持に与える影響も検討されている。クノップ他（Knopp et al., 2014）は，同一個人に対し3年間で最大7回の調査を繰返し行うことで，コミットメントの変動を推定した。その結

果，コミットメントの変動性しやすさは，関係崩壊とは直接的には関連しないものの，別れを考えることの多さと関連していた。別れを考えることの多さが関係崩壊の可能性を高めること（VanderDrift et al., 2009）をふまえれば，コミットメントの変動しやすさが関係維持に悪影響を与えると考えられる。また，アリアガ他（Arriaga et al., 2006）は，恋人のコミットメントの強さがどの程度かの認知が変動しやすい人ほど，関係が崩壊しやすいことを明らかにした。コミットメントの変動しやすさを検討することの重要性は古くから指摘されている（Kelley, 1983）ものの，その研究数はまだ少なく，今後の検討が期待される。

5.4 コミットメントのネガティブな側面

　コミットメントは諸刃の剣である（Drigotas et al., 1999）。すなわち，コミットメントは関係を維持させ，関係良好性を促進する一方で，コミットメントが強いために当事者の適応が害されるおそれもある。たとえば，リメイ他（Lemay et al., 2012）は，コミットメントが強い人ほど，パートナーのネガティブな行動に対して，怒りを感じにくいが，傷つきやすいことを明らかにした。

　アリアガ他（Arriaga et al., 2016）は，コミットメントの強い人が恋人から暴力を受けた後，恋人からの暴力が別れる理由とはならなくなっていく，すなわち暴力を許容しやすくなっていくことを明らかにした。また，アリアガ（Arriaga, 2002）は，コミットメントの強い人が，恋人からの暴力を冗談として認知する可能性を指摘している。これらの研究をふまえれば，コミットメントはパートナーからの暴力を低く評価し，時として暴力とみなさないような認知をさせる働きがあると考えられる。また，恋人のネガティブな行為も，解釈の仕方によってはコミットメントを高める可能性も示唆されている（相馬・伊藤，2017）。

　恋人からの暴力は比較的軽度な暴力から重度の暴力へと激化しやすい（Salis et al., 2014）ため，軽度な暴力に対して暴力の再発や激化を予防するような主張的行動をとることが重要である（相馬・浦，2010）。しかし，コミットメ

ントの強さによって暴力を暴力として認知できないのであれば，適切な予防行動をとることは難しくなってしまう。したがって，コミットメントの強さは，恋人からの暴力が激化する原因の一つとなる可能性も孕んでいるといえよう。

　また，二者のコミットメントの強さに違いがある場合，コミットメントが強い人の関係内での勢力（power）は弱くなる。コミットメントは依存の高さの主観的経験を表す。そのため，コミットメントが強い人ほど重要な欲求の充足を関係に頼っており，恋人と別れることで欲求が充足されなくなってしまうおそれがある。一方，コミットメントが弱い人は，欲求の充足を関係に頼っている程度が低いため，恋人と別れても比較的問題は少ない。そのため，カップル間でコミットメントの強さに差がある場合，別れの主導権はコミットメントが弱い側が握りやすくなる。なお，カップルの中で，コミットメントが強い側は強い結びつき（strong link）と呼ばれ，コミットメントが弱い側は弱い結びつき（weak link）と呼ばれる（Attridge et al., 1995）。

　アトリジ他（Attridge et al., 1995）は，恋愛カップルを対象とした研究を行い，コミットメントの強さに差があるカップルが別れやすく，また，強い結びつき（コミットメントが強い人）が弱い結びつき（コミットメントが弱い人）よりも別れた後の苦痛が大きいことを明らかにした。スタンリー他（Stanley et al., 2017）によるカップルを対象とした研究では，強い結びつきの人は，自分たちの関係についてネガティブなやりとりが多く，関係良好性が高いと感じていること，心理的暴力の加害経験や被害経験が多いと報告することを明らかにした。また，女性が弱い結びつきの場合は，男性が弱い結びつきの場合やコミットメントがカップルで同程度の場合よりも，関係が崩壊する可能性が高かった。

　以上の結果から，個人ではなくカップルに注目したとき，個人のコミットメントの強さだけでなく，二者のコミットメントの差やバランスに目を向ける必要があるといえよう。

5.5 「別れられない」コミットメント
5.5.1 投資モデルと非自発的な関係維持

　ここまで，コミットメントの形成要因や関係維持への影響について説明してきた。ここで，冒頭の2組のカップルについて改めて考えてみよう。一方は，2人で楽しい時間を過ごし，互いに支え合い，大切な存在と考えていた。このカップルは，関係満足度が高く，代替選択肢の質が低く，投資量が多いため，強いコミットメントを感じていると考えられる。今後も互いに関係を維持するような行動を取り合い，コミットメントを強めていく可能性が高い。

　もう一方は，互いに不満を抱え，ケンカが絶えないが，別れられずにいるカップルである。互いに不満を抱え合っていることから，関係満足度は低いことは明らかである。そのため，このカップルは，代替選択肢の質の低さや投資量の多さによって関係が継続していると考えられる。言い換えれば，現在の恋人以外に選択肢がなく，別れることで今まで関係に費やした資源を無駄にしてしまうため，別れることができず，非自発的に関係を続けていると推測される。

　投資モデルでは，このような非自発的な関係維持についても説明が可能とされる。たとえば，ラズバルトとマーツ（Rusbult & Martz, 1994）は，夫の暴力を避けるためにシェルターに避難してきた妻たちを対象とした調査を行った。その結果，シェルターに避難してきた妻たちのコミットメントは，代替選択肢の質の低さや投資量によって強められており，関係満足度の影響が弱かった。この研究のように，投資モデルは非自発的に関係を維持している関係性にも適用可能であり，多くの研究が蓄積されている。

　しかし，投資モデルで扱われているコミットメントの概念や尺度は，関係満足度との関連が強すぎるため，非自発的な関係維持を十分にとらえきれない可能性がある（Johnson, 1999；Tan et al., 2017）。また，投資モデルのコミットメントの尺度は1次元構造である。そのため，関係満足度の高さによって強められたコミットメントと投資量や代替選択肢のみによって強められたコミットメントを得点上区別できないという測定上の問題が存在する（Frank & Brandstätter, 2002）。

5.5.2 コミットメントの次元モデル

投資モデルのコミットメントの問題点を克服できるアプローチとして，コミットメントの次元モデルが存在する。次元モデルでは，コミットメントを関係満足度と関連する次元と，関係満足度とは関連せずに非自発的な関係維持と関連する次元とに分類し，それぞれを独立した構成概念としてとらえる（古村，2014）。そのため，自発的な関係維持に関わるコミットメントと非自発的な関係維持に関わるコミットメントを区別することができる。次元モデルの代表的なものとして，ジョンソン（Johnson, 1991, 1999）の提案したモデルがある。このモデルは，コミットメントを個人的コミットメント（パートナーの魅力や二者の感情的結びつきによって関係を続けたいと感じる次元），構造的コミットメント（別れることによる損失や別れることの面倒さを避けるために，関係を続けなければならないと感じる次元），モラルコミットメント（道徳的な価値観などから関係を続けるべきだと感じる次元）に分類した。他にも，さまざまな次元モデルが提唱され（たとえば，Stanley & Markman, 1992），自発的な関係維持に関わるコミットメントと非自発的な関係維持に関わるコミットメントとで関係維持に与える影響が異なることが明らかにされている（Ramirez, 2008；Tang, 2012）。日本においても，伊藤・相良（2015, 2017）が結婚コミットメントを複数の次元からとらえている。

5.5.3 接近・回避コミットメント

次元モデルには数多くのモデルが存在している。しかし，その分類が恣意的であることや構成概念の範囲が不明瞭であること（Frank & Brandstätter, 2002）が問題とされることがある。この問題を解決する手立ての一つに，フランクとブランドスタッター（Frank & Brandstätter, 2002）やストラックマンとゲーブル（Strachman & Gable, 2006）によって提案された接近・回避コミットメントがある（古村，2014）。接近・回避コミットメントとは，動機づけの基本分類である接近次元と回避次元によって，コミットメントを接近コミットメントと回避コミットメントに分類する。**接近コミットメント**（approach commitment）は，関係継続と関連する報酬への接近目標と定義される。関係

満足度の高さと関連するコミットメントである。一方,**回避コミットメント**（avoidance commitment）は，関係崩壊と関連する罰からの回避目標と定義される，非自発的な関係維持と関連するコミットメントである。接近・回避コミットメントは，接近次元と回避次元という分類基準の明確さや，さまざまな領域の動機づけ理論との親和性の高さが評価されており，有用性の高いモデルと考えられる（Strachman & Gable, 2002；Rusbult et al., 2006）。

古村（2014）は，接近・回避コミットメントの有用性が認められるものの，その実証的研究が少ないことをふまえ，恋愛関係における接近・回避コミットメントを測定する尺度を作成した。接近コミットメントは「○○さんはこれからも私を大切にしてくれるから」などの項目で，回避コミットメントは「別れると申し訳ないから」「別れると一人になってしまうから」などの項目で構成された。また，接近コミットメントと回避コミットメントの相関は非常に弱く，接近コミットメントと回避コミットメントとを同時に感じる可能性が示された。

さらに，古村（2016）では，接近コミットメントと回避コミットメントの強さが，当事者の感情経験や精神的健康とどのように関連するのかが検討された。その結果，大きく2つのことが明らかにされた（図5.3）。第1に，接近コミットメントが強い場合は，恋愛関係でポジティブな感情を経験しやすく，ネガ

■ 接近コミットメントと感情経験，抑うつ症状の関連

■ 回避コミットメントと感情経験，抑うつ症状の関連

＊接近コミットメントが弱い場合のみ，以下の関連が示される

図5.3　接近コミットメント，回避コミットメントと感情経験，精神的健康の関連
（古村，2016より作成）

ティブな感情を経験しにくいため，当事者の抑うつ症状は低くなっていた。第2に，回避コミットメントと感情経験や精神的健康との関連は，接近コミットメントの強さによって違いがあった。具体的には，接近コミットメントが強い場合には，回避コミットメントは恋愛関係での感情経験や精神的健康との関連が示されなかった。しかし，接近コミットメントが弱い場合にのみ，回避コミットメントの強さが恋愛関係でのポジティブな感情の経験の少なさやネガティブな感情の経験の多さと関連し，抑うつ症状を高めていた。これらの結果から，別れられない，関係から離れられないという気持ちをもつことが必ずしも当事者を不健康にせず，関係から離れられないという気持ちだけで交際を続けることが当事者を不健康にすることが示唆された。

また，恋愛関係はカップル双方が互いに影響を与え合う相互依存的な関係性であり，その特徴をとらえるためにはカップル単位のデータ（ペアデータ）を収集し，分析する必要がある（浅野・五十嵐，2015）。すなわち，古村（2016）の結果もペアデータによって再現されるかを検討する必要がある。そこで，古村（2017）は，恋愛カップルのペアデータを用いた検討を行った。その結果，古村（2016）の結果（図5.3）が再現された。同時に，男性の接近コミットメントの強さは女性のポジティブ感情を高めることも示された。すなわち，交際しているカップルの男性の接近コミットメントが強いほど，女性はポジティブ感情を多く経験していた。一方，女性の接近コミットメントと男性のポジティブ感情は関連を示さなかった。日常的な関係維持活動のメタ分析（Ogolsky & Bowers, 2012）では，女性は男性よりも恋人の関係維持活動を認知しやすいことが明らかにされており，男性の接近コミットメントによって生起した関係維持活動を，女性が認知しやすくポジティブな感情を抱いた可能性が考えられる。

以上の結果をふまえ，冒頭のカップルを接近・回避コミットメントから考えてみよう。互いに支え合い，互いのことを大切な存在と考えているカップルは接近コミットメントを主たる要因として交際を続けており，精神的健康は高いと考えられる。一方，互いに不満を抱え合い，ケンカが絶えないが，別れられずにいるカップルは，回避コミットメントを主たる要因として交際を続けてい

ると考えられる。もしもこのカップルの接近コミットメントが強ければ、回避コミットメントの影響は弱く、精神的健康は損なわれないであろう。しかし、接近コミットメントが弱ければ、相手に対してネガティブ感情を抱きやすくなり、精神的健康が低くなっていくと予想される。

5.6 まとめ

　本章では、コミットメントに焦点を当て、恋愛関係の維持に関する知見を紹介してきた。その中で明らかにされてきたように、コミットメントは関係維持だけでなく、関係のあり方や個人の精神的健康に少なからず影響する。事実、マークマン他（Markman et al., 2010）のカップルに対する予防教育（Prevention and Relationship Education Program；PREP）においても、コミットメントが重要な要因として扱われている。したがって、コミットメントから恋愛関係をとらえることは、恋愛関係における興味深い現象をとらえるだけでなく、カップルがより良い関係を築くための重要な知見となる可能性がある。ただし、日本におけるコミットメントの研究はまだ少ないため、研究を重ね、日本におけるコミットメントの位置づけを明確にしていく必要がある。

　恋愛関係は、その当事者を幸せにも不幸せにもする関係性である。せっかく恋愛関係を築くのであれば、皆が幸せな関係を築くことが理想的である。その理想に近づくためにも、恋愛関係について興味深い現象や重要な知見を実証的に明らかにするだけでなく、そのエビデンスに基づいた恋愛関係に対する教育プログラムやカリキュラムを提案、実践、評価していくことも重要である。恋愛関係の研究の重要性や社会的意義は決して小さくはない。

第6章
恋愛スキル

相羽美幸

「モテたい！好きな人に振り向いて欲しい！今の恋人との関係を長続きさせたい！……でもどうしたらいいの？」こうした悩みは，恋愛に興味がある人なら，一度はもったことがあるだろう。実際に筆者自身も，友人や受講生に自分の研究テーマについて話したときに，幾度となくこうした疑問を投げかけられてきた。では，どうしたらこのような恋の悩みは解決できるのだろうか。

本章では，こうした悩みの解決策としてどんなものがあるのか，マスメディアで発信されている情報や，心理学における実証研究など，さまざまな角度から見てみたい。さらに，それらの解決策を「恋愛スキル」の視点からとらえ，恋愛スキルを高めるための方法についても紹介していくことにしよう。

6.1 巷にあふれる恋愛テクニック

いつの時代も若者にとって恋愛は大きな関心事の一つである。若者に人気のあるテレビドラマでは，恋愛要素が欠かせないものとなっているし，女性ファッション誌を開いてみれば，多くのページが「モテコーデ」と呼ばれる男性にモテるためのファッションの紹介に割かれている。最近では「草食（系）男子」（深澤，2007；森岡，2008）という言葉が生まれ，交際している異性のいない若者が増えている（国立社会保障・人口問題研究所，2017）ことが話題になっている。しかし，大学生を対象としたアンケートでは「恋人が欲しいのにできない・いない」と回答した大学生が約半数を占めており（高比良，1998；髙坂，2011），今も変わらず，若者にとって恋人を作ることは非常に重要な課

題であるといえよう。

　こうしたニーズを受けて，雑誌やテレビなどさまざまなマスメディアで，モテるためのコツや恋愛テクニックを指南する情報が数多く発信されている。さらに，最近はスマートフォンやSNSの普及で，いつでも手軽にそうした情報を入手することができるようになった。読者のみなさんの中にも，一度はそうした情報を目にしたことがあるという方もいるだろう。

　では，実際にマスメディアで発信されている恋愛テクニックの情報とはどんなものなのだろうか。また，そうした情報を参考にすることで，本当にモテたり恋愛上手になったりできるのだろうか。こうした疑問に対し，相羽（2009a）は，恋愛テクニックが掲載された雑誌とホームページの内容を分析し，記述内容の特徴や記事の情報源について検討を行っている（**表6.1**）。その結果，記事の87%が恋人を作るための交際前のテクニックに関する内容であり，常に恋愛をしているべきという恋愛至上主義の傾向が強いことがわかった。また，恋愛テクニックとして紹介されている内容は，男性は積極的でストレートに，女性は受身で気を利かせるといった伝統的性役割観に即した行動が推奨されていた。そして，それらの情報源は，芸能人へのインタビュー，コラムニストやブロガーの持論，匿名の読者からの投稿が中心であり，そのほとんどが根拠の薄い経験論をもとに，あたかも万人に共通するテクニックであるかのように紹介していた。このように，マスメディアの発信する恋愛テクニックは，残念ながら信憑性が低く当てにならないものばかりであるといわざるを得ないことがわかったのである。

6.2　恋愛の悩みの解決法を心理学の研究からとらえる

　上記の研究結果から，マスメディアの発信する恋愛テクニックの情報は当てにならないということがわかった。では，他に信憑性があって参考にできる情報はないのだろうか。実は，モテるためのコツや恋愛上手になるためのテクニックそのものではないが，そのヒントになりそうなものは，心理学で研究が行われている。

6.2 恋愛の悩みの解決法を心理学の研究からとらえる

表 6.1 カテゴリー別の恋愛テクニックの記述件数とテクニックの例 (相羽, 2009a)

	カテゴリー		件数	割合(%)	テクニックの例
交際前	心構え		43	16.3	ポジティブな考えを持つ。
	実際のデート		39	14.8	露骨な優しさは何度も繰り返す。
	恋愛話術		33	12.5	自分の話はあっさりと終わらせ相手に話を振る。
	電話・メールの仕方		23	8.7	電話番号を聞く目的を明確にする。
	合コン・カラオケ		20	7.6	好みのタイプを限定しない。
	好きな子と仲良くなる方法	M	16	6.1	物の貸し借りをする。
	デートの誘い方	M	11	4.2	用事の「ついで」として誘う。
	告白	M	7	2.7	どんな仕方でもOKしてもらえる関係を構築してから告白する。
	イベント・プレゼント		6	2.3	花束を渡してすぐ立ち去る。
	セックス	M	5	1.9	さりげなく自分や相手の部屋に関する話題を持ちかける。
	初対面	M	5	1.9	相手に合わせる会話をする。
	ライバルがいる場合	M	4	1.5	躊躇せずにアプローチしてみる。
	恋人の有無確認	M	3	1.1	素直に堂々と聞く。
	おごり方・支払い	M	3	1.1	食事の終盤にトイレに行くついでに会計を済ます。
	デートに断られる	M	2	0.8	サラリと引くことで変に気を遣わせることを避ける。
	デートの誘われ方	F	2	0.8	過去のイベントに対して悔やんでみせる。
	おごられ方・支払い	F	2	0.8	いつも感謝の気持ちをあらわす。
	お酒・バー	M	2	0.8	一杯目はビールで二杯目以降はジン系がよい。
	授業	F	2	0.8	筆記用具は常に2個ずつ用意しておく。
	小計		228	86.7	
交際中	セックス		14	5.3	旅行に誘う。
	長続きさせる方法		10	3.8	ありのままの自分を相手に見せる。
	危機の脱し方	M	5	1.9	付き合う前や付き合い始めの頃を思い出す。
	浮気・嘘	M	2	0.8	すべての証拠品を捨てる。
	小計		31	11.8	
交際後・別れ	傷心から抜け出す方法		3	1.1	仕事に没頭する。
	ヨリを戻す方法	F	1	0.4	キレイになってみんなに好かれるいい女になる。
	小計		4	1.5	
	合計		263	100.0	

※Mは男性向け,Fは女性向け

6.2.1 対人魅力

まず,「モテる」ということに注目してみよう。「モテる」とはすなわち, 異性から好かれるということである。友人としてか恋人としてかに関わらず,「こういう特徴の人が好かれる」や「こういう条件のときに相手に魅力を感じやすい」ということは,**「対人魅力」**の研究で明らかになっている。**表 6.2** は対人魅力の要因を整理したものである。表中の相手の要因とは, 魅力的に見える相手の条件のことであり, 性格や見た目といった元々備わっているものと魅力的に見える行動の2つに分けられる。一方, 自分の要因とは, 魅力を感じる自分の側の条件のことで, 相手に関係なく自分の状態次第で恋に落ちやすいときがあるということを示している。その他, お互いの要因や環境による要因も

表 6.2 対人魅力の要因 (齊藤, 1987 をもとに筆者が作成)

相手の要因		相互的要因	
A	相手の特性 1 好まれる性格 2 身体的魅力 3 同一視的 (尊敬的) 特性 4 欲求充足的特徴	E	相互的特性関係 1 態度の類似性 2 身体的魅力度のマッチング 3 性格の相互補完性
B	相手の行動特徴 1 好意的評価 2 非言語的好意的身体動作 3 同一行動選択 (同伴) 4 援助・欲求充足的行動	F	相互作用 1 近接性 2 単純接触効果 3 相互作用効果 4 一体感獲得状況 (恐怖・喜び)
自分の要因		G	環境的要因
C	自分の固定特性 1 低・自己評価 2 高・自己評価 3 性格		1 低人口密度 2 快適気温 3 良い景観 4 静寂
D	自分の心理状態・行動特徴 1 感覚的快感状態 2 生理的興奮状態 3 自己評価の低下時 4 援助行動 5 獲得過程の苦痛, 苦難		5 物理的近接性 6 災害 7 獲得困難度

あり，人が人を好きになる条件というのは，とても多岐に渡っていることがわかるだろう。

ここでは，モテるためのヒントとして，相手に好意をもってもらえる行動の一つである「好意的評価」の内容を見ていこう。人は，自分に好意をもってくれている人のことを好きになる傾向がある。これを「好意の互恵性」という。たとえば，それまでまったく意識していなかった相手から急に告白され，それ以降自分も相手のことが気になり始めたという経験はないだろうか。実際に，アロンソンとリンダー（Aronson & Linder, 1965）は，女子大学生に対してポジティブな評価とネガティブな評価を行った実験協力者にどの程度好意をもったかを評価してもらう実験を行い，好意の互恵性の存在を確かめている。このような好意の互恵性が生じる理由として，奥田（1997）は，他者から褒められることで好意的な自己概念を得られるとする「自己高揚仮説」と，自分のことを自分と同じように評価してくれるという態度の類似性による「自己斉合性仮説」をあげている。

このように，相手のことを褒めたり好意的に接したりして自分の好意を相手に伝えることで，相手も自分を好きになってくれる可能性が高まるのである。

6.2.2 自己拡張理論

対人魅力の研究では，異性から好かれる条件，とくに好きな人に振り向いてもらうための行動について見てきた。では，恋愛関係を長続きさせる方法についてはどうだろうか。せっかく好きな人と恋人同士になれたのだから，ずっとこの関係が続くようにと願うのが人の常である。しかし，付き合いたての頃は刺激的で楽しかった関係が，交際期間が長くなるにつれてマンネリ化してしまうことはよくある話である。このようなマンネリ化を解消する方法について，アロンとアロン（Aron & Aron, 1986）は「**自己拡張理論**（self-expansion model）」の観点から解決策を提案している。自己拡張理論とは，人は自己を拡張したいという基本的な動機をもっており，他者との親密な関係において相手がもつ資源を自分自身の資源として取り込むことで自己が拡張し，自己効力感や自尊感情が高まるとする理論である（Aron & Aron, 1986；Aron et al.,

1995)。つまり,付き合いたての頃は相手の価値観や態度などの新しい情報を入手できるため自己拡張が大幅に進むが,交際期間が長くなると相手から新たな情報を得ることが少なくなり自己拡張が停滞するため,2人の関係が退屈なものに感じてしまう。そこで,自己拡張につながるような活動を恋人と一緒に行えば,再び付き合いたての頃と同じような感覚に戻り,マンネリ化の解消につながるというわけである。アロン他（Aron et al., 2001）は自己拡張につながる活動として,観劇,スキー,ハイキング,ダンスなど「いままでに行ったことのない刺激的な活動（novel and arousing activities）」をあげている。実際に,結婚期間約15年の夫婦53組に10週間実施した縦断研究（Reissman et al., 1993）では,自己拡張につながる活動を週に1時間半ずつ行ったグループは,映画や外食などの刺激的ではないが楽しい活動を行ったグループや何も活動しないグループに比べて,2人の関係満足度が約2倍増加したのである。さらに,これらの活動の有効性は,カップルを対象とした2つの調査と3つの実験でも確認されている（Aron et al., 2000）。これらの研究を参考に,交際期間が長くなりマンネリ化していると感じている方は,週末のデートに2人でいつもとは違うドキドキするような活動をしてみてはいかがだろうか。

6.2.3　対人葛藤解決方略

恋愛関係に危機をもたらすものはマンネリ化だけではない。どんなにお互いが想いを寄せていても,時には意見の食い違いから葛藤が生まれることもあるだろう。では,そのような葛藤が生まれたときにどんな行動をとれば恋愛関係が長続きするのだろうか。こうした葛藤に対する対処行動は,**対人葛藤解決方略**に関する研究で検討されている。

ラズバルト他（Rusbult et al., 1982）は,恋人との間に葛藤が生まれたときの解決方略を「建設的―破壊的」「積極的―消極的」の2つの次元から整理し,関係を終結する「別れ」,問題について話し合う「話し合い」,事態の好転を待つ「忠誠」,話し合いを避ける「無視」の4種類に分類している。図6.1は解決方略の4種類を2次元上に布置したものである。この4種類の解決方略のうち,建設的な方略はその後の関係にポジティブな影響をもたらし,破壊的な方

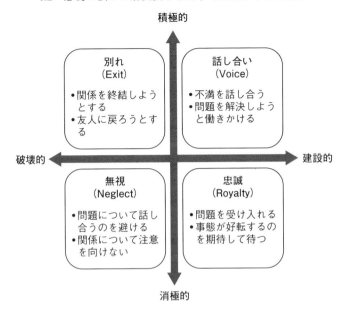

図 6.1 恋人との葛藤時における解決方略
(Rusbult et al., 1982 をもとに筆者が作成)

略はネガティブな影響をもたらすとされている。さらに，建設的な方略の中でももっとも良いのは「話し合い」であり，もう一方の「忠誠」は，相手に気づかれない可能性が高く，破壊的な方略である「別れ」や「無視」よりは建設的な結論につながるといわれている（Drigotas et al., 1995）。また，これらの解決方略と恋愛関係の円満度との関係について，ラズバルト他（Rusbult et al., 1986）は，68組のカップルを対象に調査を行った結果，破壊的な方略のほうが建設的な方略よりも関係の円満度に強い影響を与えていたことから，2人の間に葛藤が生まれたときには，建設的な方略をとろうとするよりも破壊的な方略をとらないようにすることのほうが重要であると指摘している。

日本においても，相馬他（2003）が，ラズバルト他のモデルをもとに，恋人や配偶者との葛藤時における4種類の解決方略と交際期間，周囲のサポートネットワークとの関連について研究を行っている。その結果，交際期間が長い場合，パートナー以外の他者とも情緒的なサポートのつながりをもつ人は，パー

トナーにサポートの提供元（サポート源）を集中させる人に比べて，破壊的な方略をとらないようにすることがわかった。逆にいえば，恋人以外に話を聞いてくれたりアドバイスしてくれたりするようなサポート相手がいなければ，恋人との間で葛藤が生じたときに，関係を終わらせるような破壊的な方略をとってしまう可能性が高いということを意味している。

　これらのラズバルト他のモデルからわかることとしては，2人の間に葛藤が起きたとき，もっとも良い方法は話し合いであるが，無理に話し合いをしようとするよりも，やけになって別れようとしたり相手を無視したりしてしまわないように気をつけるほうが大切であること，そして恋人ができても話を聞いてくれる周りの友人と疎遠にならないようにしたほうがよいということである。

　ラズバルト他のモデル以外にも，オーヴァオール他（Overall et al., 2009）は「**恋人の制御**（Regulating partners）」という観点から葛藤時のコミュニケーション方略をとらえ，検討を行っている。恋人の制御とは，恋人のもつ良くない部分をいかにして変えさせるかということである。いざ恋人同士になってみると，付き合う前には見えなかった相手の欠点が色々と見えてきて，直してほしいと思うこともあるだろう。そうしたときに，どのように伝えたら相手が問題を受け入れて改善してくれるのだろうか。オーヴァオール他（2009）は，恋人の制御におけるコミュニケーション方略を「直接的―間接的」「ポジティブ（協力）―ネガティブ（敵対）」の2つの次元の組合せから4種類に分類し（**図6.2**），61組のカップルを対象とした研究から，それぞれの方略と制御の成功感や実際の相手の行動変容との関連を明らかにしている。結果をまとめると，直接的な方略は，ポジティブかネガティブかにかかわらず，最初は成功感があまり感じられなかったが，1年後の行動変容には効果が見られた。一方，間接的でポジティブな方略は，直後の成功感を高めていたが，のちの行動変容にはつながっていなかった。同様に，間接的でネガティブな方略も，行動変容には効果的ではないことがわかった。

　上記の結果や一連の研究をふまえて，オーヴァオールとマクナルティ（Overall & McNulty, 2017）は，4種類の方略が効果的なときとそうでないときをまとめている。まず，直接的でポジティブな方略は，もっとも効果的な方

6.2 恋愛の悩みの解決法を心理学の研究からとらえる　　101

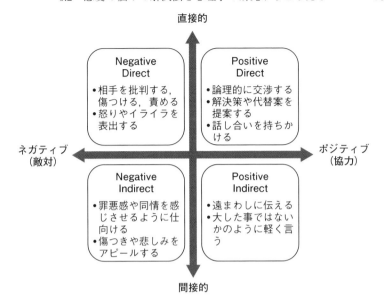

図 6.2　恋人の制御におけるコミュニケーション方略
（Overall et al., 2009 および Overall & McNulty, 2017 をもとに筆者が作成）

略であり，どんな問題であっても効果を発揮するベストな方略である。一方，直接的でネガティブな方略は，問題が深刻で，相手が改善できると感じている場合には効果があるが，たいして大きな問題ではないときや相手が解決できる問題ではないと感じているときには，逆に相手を傷つけるだけに終わってしまう。そのため，本当に深刻な問題のときにだけこの方略を使うべきであるとしている。逆に，間接的でポジティブな方略は，深刻ではない問題のときや，相手が繊細で傷つきやすく，直接言うと抵抗感を感じてしまいそうなときには効果があるとされる。しかし，相手が問題を改善してくれる見込みは少ないので，深刻な問題のときには使わないほうがよい方略である。最後に，間接的でネガティブな方略は，相手の罪悪感をうまく引き出せれば関係の満足感には効果があるが，相手の行動変容はさほど期待できない。さらに，頻繁に使うと関係の満足度さえも低下する可能性がある。

　このように，根本的な問題解決のためには，単にポジティブな方略が効果的

というわけではなく，たとえネガティブであったとしても直接的に伝えたほうが効果を発揮する場合もあるのである。

6.3 恋愛の悩みの解決法をスキルとしてとらえる

　ここまで，異性から好かれるためのヒントや恋愛上手になるためのヒントについて，対人魅力，自己拡張理論，対人葛藤解決方略の研究から紹介してきた。これらの研究から共通してわかることは，何もせずに成り行きに任せるのではなく，自分から直接相手に働きかけを行うことが重要であるということである。

　では具体的にどんな場面でどんな行動を起こせばよいのだろうか。残念ながら，ここまで紹介してきた研究では，具体的な対人葛藤の場面や行動を起こすべき状況などは特定されていない。さらに，「話し合う」と一口にいっても，どんな話し方をすれば相手が話し合いに応じて納得してくれるのか，といった点については回答が得られないままである。やはり，恋愛で悩んだときに具体的にどうしたらいいのか，心理学の研究からは導き出せないのだろうか。

6.3.1　ソーシャルスキル

　こうした疑問の解決の糸口になりそうな心理学の研究として，「ソーシャルスキル」という概念がある（第2章参照）。**ソーシャルスキル**とは，「他者との関係や相互作用を巧みに行うために，練習して身につけた技能」のことを指す（相川，2000）。ソーシャルスキルの研究では，主に対人関係全般に共通する基本的なスキルに焦点が当てられており，具体的にどんな認知や行動の仕方が良いのかについて，多くの知見が得られている。たとえば，相川（2000）は，人の話を聞くときに求められる非言語的スキルを**表6.3**のようにまとめている。

　さらに，ソーシャルスキルでは，対人関係に問題をもたらすスキルの欠如はトレーニングによって改善可能であるととらえられている。相川（1999）は，スキルの欠如は「適切なモデルに接する機会」「適切なスキルを習得する機会」「スキルを実行する機会」の3つの機会の欠如から生じると指摘している。こ

6.3 恋愛の悩みの解決法をスキルとしてとらえる 103

表 6.3 聴くための非言語的チャネルの使用（相川, 2000）

非言語的チャネル	適切な使用	不適切な使用
動き	話し手に近づく	話し手から遠ざかる
距離	腕を広げたくらいの距離 （50 cm～150 cm くらい）	遠すぎる／近すぎる
高さ	話し手の顔と同じ高さ	話し手の顔よりも高い
からだの向き	話し手のほうに向いている	話し手のほうに向いていない
姿勢	リラックスした姿勢 軽い前傾	緊張した姿勢／弛緩しきった姿勢 後傾
視線	話し手の目を適度に見る	話し手の目を見ない／過度に見る
表情	話の内容とマッチした表情 一般的には微笑み	無表情 過度に笑う
うなずき	適度にうなずく	過度にうなずく／うなずかない
身体接触	話の内容によってはタッチング	過度のタッチング／まったくしない
手の動き	ほとんど動かさない	腕を組む，髪の毛をもてあそぶ，顔や頭をかく，小物をいじるなど

れまでに，これらの機会の欠如を補いスキル向上を目指すソーシャルスキル・トレーニング（SST）がいくつも開発されている。

　これらのことから，ソーシャルスキルの知見をふまえて，恋愛関係で求められるスキルを特定することができれば，実証研究に基づいた信憑性のある恋愛スキルを提示することが可能になると考えられる。さらに，SST を参考に恋愛スキル・トレーニングを実施することも可能であるため，恋愛で悩んでいる人たちにとって現実的に役に立つ研究ができるだろう。

　これまで，恋愛関係で求められるスキルを扱った日本国内での研究としては，豊田（2005）や堀毛（1994）などがあげられる。豊田（2005）は，異性からの好意を得るためのスキルとして，男性では「会話スキル」「対人不安」，女性では「会話スキル」「対人不安」「対人関係の自信」の因子を抽出しており，これらの要素が異性からの好意度を予測することができるとしている。

　堀毛（1994）は，デート場面で求められるスキルを測定する 20 項目の異性

表 6.4 DATE 2 の項目例（堀毛，1994 をもとに筆者が作成）

男性	項目
情熱・挑発	さりげなくキスする さりげなく体に触れたり，手を握ったりする
開示・リラックス	かざらない自分を見せる あまり緊張せずリラックスしながらつきあう
身だしなみ	相手の好みにあうような服装や髪型をする 身だしなみに気をつける
関心確認	自分にどのくらい関心があるかさりげなく聞く 別の異性の友人のことをさりげなく聞く
男らしさ	会っているときはできるだけ男（女）らしくふるまう
率直さ	自分が悪いとおもったら素直にあやまる 会っているときできるだけ互いの距離を近づける
クールさ	気分がのらないときには冷たくあしらう 正直に相手の欠点を指摘する

女性	項目
開示・受容	かざらない自分を見せる あまり緊張せずリラックスしながらつきあう
積極性	正直に相手の欠点を指摘する 自分に落ち度がないと思ったら喧嘩する
挑発	別れぎわにはできるだけムードをもりあげる 会っているときはできるだけ男（女）らしくふるまう
関心確認	自分にどのくらい関心があるかさりげなく聞く 別の異性の友人のことをさりげなく聞く
寄り添い	相手の好みにあうような服装や髪型をする 会っているときできるだけ互いの距離を近づける
見栄え	身だしなみに気をつける 周囲の人の目を考えながら行動する

関係スキル尺度（DATE 2）を作成し，恋愛関係の発展や崩壊との関連を調査している。DATE 2 の内容は**表 6.4** の通りである。結果をまとめると，男女ともに関係の発展と共に異性関係スキルが高まる傾向が見られたが，男性では関係の初期にスキルを洗練させていくのに対し，女性では慎重に相手を検討し関係が重要であると認識した後に急速にスキルを発展させるといった特徴が見られた。また，過去の失恋経験もスキルの向上に影響しており，男性では過去の失恋から得た自信やショックの大きさがスキルの向上と関連していたが，女性

では，自分から強い愛情を示しながら失恋した場合のみスキルが向上していた。

6.4 恋愛スキルが求められる場面とは

このように，恋愛関係や異性関係といった特定の関係性で求められるスキルについてはいくつかの報告はあるものの，堀毛（1994）ではデート場面でのスキルのみを扱っており，恋愛中のその他の場面でどのようなスキルが必要なのかは明らかにされていない。

では，デート以外で恋愛スキルが求められる場面，すなわち多くの若者が恋愛に関して「どうしたらいいのかわからない」と悩むシチュエーションにはどのようなものがあるのだろうか。また，そうした場面に遭遇したとき，どんな行動をとればよいのだろうか。こうした疑問を出発点として，相羽（2007, 2009 b，2011，2017）と相羽・松井（2013）は恋愛スキルに関する一連の研究を行っている。以下では，研究の流れに沿って各調査を具体的に紹介していく。

まず，相羽（2011）は，14名の大学生を対象とした面接調査からさまざまな恋愛の悩みを収集し，その結果をもとに，交際前20項目，交際中37項目，別れ・交際後16項目の合計73項目の恋愛における問題状況の項目を作成している。恋愛における問題状況とは，恋愛関係の構築・維持・終結において困ったり悩んだりする状況のことを指す。次に，大学生288名を対象にそれぞれの項目に対して困ったり悩んだりする程度（困難度）を測定し，因子分析を行った結果，交際前では「自分からのアプローチ」「恋愛対象外の相手からのアプローチ」の2因子，交際中では「相手への支援のできなさ」「関係に対する不安感」「相手の過干渉」「自分の過失に対する相手の否定的反応」の4因子，別れ・交際後では「別れたくない相手との別れ」「別れの切り出し」の2因子の合計8つの問題状況が抽出された。

このように，面接調査による聞き取りから得られた恋愛の悩みは8つの因子として抽出されたが，マスメディアの提示する恋愛テクニックが求められる場面も，聞き取りでは偶然出てこなかっただけで，実は若者たちに共通の悩みである可能性も考えられる。そこで相羽（2017）は，相羽（2011）で得られた8

つの問題状況に，相羽（2009a）で分類したマスメディアの恋愛テクニックが求められる場面を加え，新たに交際前15項目，交際中30項目，別れ・交際後16項目の合計61項目に改良を行っている．さらに，各項目の困難度だけでなく，経験率，すなわち多くの若者が経験しうる悩みであるかについても考慮に入れる必要があると考え，困難度と経験率の2側面から恋愛における問題状況を測定している．488名の大学生に調査を行った結果，交際前では「ライバルの存在」「恋愛対象外の相手からのアプローチ」「自分からのアプローチ」の3因子，交際中では「関係継続に対する不安感」「相手の過干渉」「性的な問題」「相手への支援のできなさ」「価値観のずれ」の5因子，別れ・交際後では「相手の未練行動」「別れの切り出し」「失恋」の3因子の合計11個の問題状況が抽出された．そして，それらの問題状況の困難度と経験率を見たところ，交際中の「性的な問題」のみ，困難度が理論的中間点の3点と有意な差がなく，経験率も50%以下であったため，「性的な問題」は多くの若者に共通する深刻な悩みではないと判断された．以上の結果から，**表 6.5** に示された10個の問題状況が，多くの大学生が経験する恋愛の悩みと特定されたのである．

さらに，これらの問題状況を枠組みに基づいて整理するために，問題状況のまとまりを主成分分析を用いて確認したところ，自分と相手のどちらが好意の程度が高いかという「好意の主体」で分類可能であることがわかった．これらの結果をもとに，相羽（2017）は，**図 6.3** のように好意の主体の分類と交際前から別れ・交際後までの関係段階の2つの枠組みで問題状況を整理している．

6.4.1 恋愛スキル

上記のような手続きで，多くの大学生が抱えやすい恋愛の悩みが特定されたわけだが，それぞれの状況で求められるスキルとはどんなものなのだろうか．相羽（2007, 2009b）は，上記の問題状況に直面したときの具体的な行動について，自分が行うであろう行動と理想とする行動の2側面から自由記述形式で探索的に収集し，それらの行動がどの程度適切であるといえるかについて，「相手の異性から見た好ましさ」という視点で評価を行っている．つまり，それぞれの問題状況でとる行動が相手の異性から見て好ましいものであれば，そ

6.4 恋愛スキルが求められる場面とは

表6.5 恋愛における問題状況の各下位尺度の記述統計量と項目例
（相羽，2017をもとに筆者が作成）

	困難度 平均（SD）	経験率（%） 平均	項目数	項目例
交際前				
自分からのアプローチ	3.36（0.78）	70.63	5	好意のある異性と二人で会っている時に，相手が話しやすい話題を探す どのタイミングで告白を切り出すかを考える
ライバルの存在	3.53（0.95）	48.97	5	自分が好意を持っている相手に，恋人がいる 自分が好意を持っている相手が，自分の友人と交際している
恋愛対象外の相手からのアプローチ	3.32（0.84）	47.19	5	交際していない異性に恋人のようなふるまいをされる 好意のない異性から遊びに誘われた時に断ろうとする
交際中				
関係継続に対する不安感	3.51（0.91）	70.62	5	別れてしまうのではないかと，不安になる 相手が自分のことをずっと好きでいてくれるか不安になる
相手への支援のできなさ	3.61（0.89）	64.84	3	相手が落ち込んでいる時に，うまく励ますことができない 相手が困っている時に，うまくアドバイスできない
価値観のずれ	3.07（0.90）	65.48	5	相手と価値観が合わない 自分と相手の考え方が異なる
相手の過干渉	3.21（0.98）	26.82	5	自分が今日何をしていたかを，相手にしつこく聞かれる 相手に束縛される
別れ・交際後				
別れの切り出し	3.27（0.91）	47.87	5	交際相手を傷つけないように，別れを切り出す 別れた後に相手と気まずくならないように，別れを切り出す
相手の未練行動	3.43（0.93）	28.82	5	別れた後も，相手がしつこくメールや電話をしてくる 別れた後，相手が自分の家に急に会いに来る
失恋	3.57（1.02）	37.71	4	交際相手から別れ話を切り出された時に，どうやってあきらめるか考える 交際相手から別れ話を切り出された時に，どうしたら関係を修復できるか考える

第6章　恋愛スキル

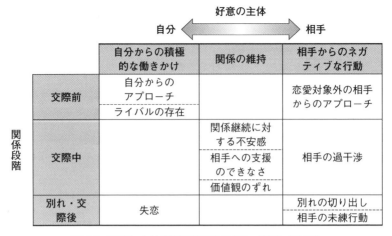

図6.3　恋愛における問題状況の枠組み（相羽, 2017）

の状況で適切な行動であると判断されることになる。こうして特定された各問題状況での適切な行動と適切でない行動は，表6.6の通りである。

これらの行動を図6.3の枠組みに当てはめてその特徴をまとめると，図6.4のようになる。こうして見てみると，それぞれの問題状況で適切とされる行動とそうでない行動は，問題状況の「好意の主体」による分類ごとに共通していることがわかる。

次に，特定された適切な行動と適切でない行動を用いて，個人の恋愛スキルを測定することを考えてみる。恋愛スキルをトレーニングすることを想定するならば，現在の恋愛スキルの高さを把握し，どんな状況を自分が苦手としているのかを知ることは非常に重要なことであると考えられるためである。恋愛スキルを測定するためには，まず，恋愛スキルの概念を考える必要がある。相羽・松井（2013）は，相川（1999）の3つの欠如したスキル獲得の機会をもとに，恋愛スキルを「読み取りスキル」「行動知識」「実行スキル」の3つの概念から成るととらえている。「読み取りスキル」とは，問題状況で必要な行動を読み取る能力のことであり，適切な行動や適切でない行動を他者が実際に行う行動から読み取れるかどうかを指す。「行動知識」とは，問題状況で必要な行動に関する知識であり，適切な行動や適切でない行動を知識としてもっているかど

6.4 恋愛スキルが求められる場面とは

表 6.6　各問題状況での適切な行動と適切でない行動の例
(相羽, 2009 b をもとに筆者が作成)

問題状況	行動	好ましさの平均値
交際前		
自分からのアプローチ	自分から積極的に彼(女)に話しかける	4.12
	ファッションやしぐさなどの見た目を変える	3.26
ライバルの存在	彼(女)と友達として仲良くなる	4.02
	あきらめないで、アプローチし続ける	2.61
恋愛対象外の相手からのアプローチ	誠実に丁寧に断る	3.98
	彼(女)に何もせず無視する	1.62
交際中		
関係継続に対する不安感	彼(女)ときちんと誠実に話し合う	4.46
	どうしたらよいか一人で考える	2.15
相手への支援のできなさ	彼(女)のそばにいる	4.49
	友人に相談する	2.84
価値観のずれ	彼(女)ときちんと誠実に話し合う	4.27
	彼(女)に別れを切り出す	2.16
相手の過干渉	彼(女)ときちんと誠実に話し合う	4.41
	彼(女)からの連絡を無視するなど、彼(女)と距離を置く	2.02
別れ・交際後		
別れの切り出し	彼(女)ときちんと誠実に話し合う	4.17
	彼(女)と距離を置いて、別れをにおわせる	2.26
相手の未練行動	彼(女)ときちんと誠実に話し合う	4.05
	彼(女)に何も言わず無視する	1.67
失恋	彼(女)ときちんと誠実に話し合う	4.08
	彼(女)に別れたい理由を聞く	3.35

行動の上段がもっとも好ましさの高い行動、下段がもっとも好ましさの低い行動

	自分からの積極的な働きかけ	関係の維持	相手からのネガティブな行動
適切な行動	積極的アプローチ	誠実に話し合う	誠実に断る
			素直な意思表示
適切でない行動	しつこいアプローチ	消極的受容	一方的拒絶

図 6.4　恋愛における問題状況で適切な行動と適切でない行動の枠組み

うかを指す。「実行スキル」とは，問題状況で適切な行動を実行する能力のことであり，適切な行動を実際に行えるかどうかを指す。このように概念化した3つのスキルは以下のように測定される。「読み取りスキル」は，問題状況を想定した映像を見た後に主役の男性の行動や発言で良かった点と悪かった点について自由記述で回答してもらい，その回答数をスキルの得点とする。「行動知識」は，問題状況ごとに4つの行動を提示し，それぞれの行動がどの程度相手に好ましいと思ってもらえると思うか，そして「実行スキル」は，行動知識と同様の行動についてどの程度自分が行うと思うかについて，それぞれ5件法で回答してもらう。その上で，「行動知識」と「実行スキル」については，**表6.6**に示した好ましさの平均値と理論的中間点（3点）との偏差を項目ごとに算出し，それらと「行動知識」と「実行スキル」の回答の粗点とを掛けて問題状況ごとに加算したものをスキルの得点とする。このように，恋愛スキルを3つの概念からとらえ，さらにそれらを問題状況ごとに測定することで，非常に手間はかかるものの，どんな状況でどのスキルが自分には不足しているのか，詳細に把握することが可能となる。

6.4.2 恋愛スキル・トレーニング

最後に，これまでの恋愛スキルに関する一連の研究をもとに開発された恋愛スキル・トレーニングについて紹介しよう。相羽・松井（2013）は，恋愛スキルの3つの下位概念の向上を目指したトレーニング・プログラムを開発している。**図6.5**は，トレーニング・プログラムの概要を示したものである。このプログラムは，ソーシャルスキル・トレーニングを参考に開発されている。モデリングでは読み取りスキル用の映像を用い，どの行動が好ましいもしくは好ましくないのかについての解説を聞きながら視聴してもらう。次に，リハーサルでは，いくつかの問題状況についてトレーニング参加者同士で男女の役をロールプレイし，良かった点や改善したほうがよい点についてフィードバックを行う。このように，相羽・松井（2013）のプログラムでは，なるべく実施の負担が軽減されるように工夫されている。このプログラムを実際に男子大学生12名に実施したところ，行動知識と一部の実行スキルが向上するという効果が認

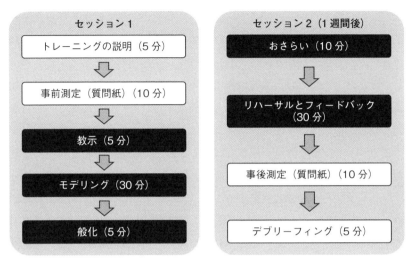

図 6.5　恋愛スキル・トレーニングの手続き（相羽・松井，2013）

められている。

なお，相羽・松井（2013）以外にも，欧米では異性関係スキル・トレーニング（heterosocial skills training）として1970年代からさまざまなトレーニング方法が開発されている。詳細は，相羽（2010）を参照してほしい。

6.5 まとめ

ここまで，恋愛の悩みの解決法に関連する知見について，マスメディアの提示する恋愛テクニックから心理学の研究までさまざまなものを紹介してきた。とくに，心理学の研究については，社会心理学の教科書によく出てくるような古典的な研究だけでなく，現象から恋愛スキルを特定していく一連の研究について丁寧に解説した。これにより，研究を現象から組み上げていくプロセスをイメージしやすくなったのではないだろうか。

本章で紹介した研究では，恋愛の悩みを面接調査から広く収集し，そこから項目に起こし，問題状況として抽出したことで，現実に多くの若者がもつ恋の悩みを明らかにすることができた。同様に，恋愛スキルに関しても，それぞれ

の状況での行動を自由記述調査から収集し，異性から見て好ましい行動と好ましくない行動を特定したことで，これまで葛藤解決方略の研究などで個々に指摘されていた行動を問題状況に合わせて整理し，包括的にとらえることができたといえる。このように，先行研究で得られた知見と現象から組み上げた知見を融合させることで，これまでの研究を整理することにもつながるし，自身の研究の理論的位置づけを明確にすることにも役立つだろう。その他にも，実際のエピソードや率直な意見を収集していくことで，研究の予期せぬ回答など，新たな発見が得られることもある。たとえば，読み取りスキルの映像の自分からアプローチする行動（女性を褒める）について，同じ行動にもかかわらず，「褒め方がさりげなくて優しさを感じる」と記述した参加者もいれば「相手を褒めすぎて下心が見え見え」と記述した参加者もいたのである。こうした相反する回答が得られたことで，本来好ましいと評価されることを想定した行動が，実際には評価の個人差が大きく，好ましくないと受け取られる危険性もあるという新たな発見につながった。そして，この発見は，マスメディアの提示する「こうアプローチすべき」という恋愛テクニックが当てにならないことの裏付けにもなったのである。

　そして，最終的に枠組みに整理しモデル化したことで，その特徴がよりわかりやすくなったのではないだろうか。また，ここでは多くの若者が悩みやすいものをピックアップしたが，もちろんそれ以外の悩みを抱えている読者の方もいることだろう。そんなときには，その悩みが起きているのはどの関係段階か，好意の主体がどちらにあるのかという点から，自分の悩みが**図 6.3** のどこに該当するのかを照らし合わせて見てもらいたい。そうすることで，自分の悩みが整理され，悩みを解決するのに適切な行動や適切でない行動は何かということも見えてくることだろう。

　最後に，恋愛研究は，心理学の世界ではまだ歴史が浅く，解明されていない現象もまだ多く残されている。恋愛研究に興味のある読者の方は，ぜひ研究にチャレンジして新たな知見を世に送り出してほしい。

コラム2　ボランティア　　　　　　　　　　　　　　　（山本陽一）

「学校の宿題だから，夏休みにボランティアをやらないと……」。

夏休みを前にした中学生の会話には，こうした話がよく出てくるそうである。ボランティア活動は，1995年に発生した阪神・淡路大震災での活躍を契機として，現在では成人の4人に1人が従事しているとされる。また，豊かな人間性を育む活動として，青少年のボランティア活動参加が奨励されており，内申書の評定項目にもボランティア活動への参加が含まれている。しかしながら冒頭の発話にもあるように，中学生や高校生は，自発的に参加しているのではなく，内申書の評定を得るための宿題や課題として活動を行っている可能性も考えられる。中学生や高校生は，どのような動機から活動に参加し，動機の違いは活動への満足感や，活動後のボランティア活動への参加意欲にどのような影響を及ぼすのであろうか。

1. 中学生と高校生のボランティア動機と活動意欲との関連

中学生と高校生のボランティア動機の内容を探索的に検討するために，まず中学生や高校生を対象にしたボランティア体験事業を実施する自治体から参加者の感想文集を入手して，感想文からボランティア動機の内容を検討した。その結果，中学生と高校生のボランティア動機は，「自己志向動機」「興味関心動機」「他者志向動機」「外発性動機」の4カテゴリーに分類された（山本・松井，2014）。次に，ボランティア動機の内容と，ボランティア動機が活動の満足感や活動後の活動意欲に及ぼす影響を検討するために，ボランティア体験に参加した中学生と高校生を対象とした質問紙調査を実施した（山本，2018）。因子分析の結果，ボランティア動機は自己志向動機，他者志向動機，要請動機の3因子に分類された。自己志向動機は，活動への参加が自分自身の役に立つといった内容の項目で構成され，活動経験者に高い動機であった。他者志向動機は，活動への参加が地域や社会の役に立つといった内容の項目で構成された。一方，要請動機は，学校の宿題や課題といった周囲の要請に基づいて活動に参加したという内容の項目で構成され，活動未経験者に高い動機であった。

また，ボランティア動機が活動経験に及ぼす影響に関する分析では，自己志向動機と他者志向動機は，活動中の対人的ポジティブ経験（例：活動の対象となった相手から感謝された）や活動経験の満足感（例：やりがいを感じた）を高めることによって，活動後の活動意欲を高めていた。一方，要請動機は，活動中のネガティブ

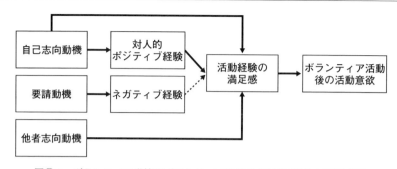

図②.1 ボランティア動機がボランティア活動後の活動意欲に及ぼす影響
(山本, 2018の一部を抜粋)
実線は正の影響, 破線は負の影響を表す。

経験(例:役に立てなかった)を高めることによって,活動経験の満足感を低下させていた(図②.1)。

2. まとめ

成人を対象とした研究(Cornelis et al., 2013など)では,ボランティア動機は他者志向と自己志向の2側面に分類されていたが,中学生と高校生ではこれらの2側面に加えて,学校の宿題や課題として活動に参加したという要請動機が含まれることが実証された。

中学生と高校生のボランティア活動意欲は,活動への満足感が高いほど高まり,ボランティア動機は活動中の経験を媒介して活動への満足感や活動後の活動意欲に影響を及ぼしていた。すなわち,社会の役に立ちたいという気持ちや,活動が自分の役に立つという気持ちが高いほど,活動意欲への満足感が高まるが,学校の宿題や課題として参加したという気持ちが高いほど,活動で十分に役に立てなかったといった不快さを感じやすくなり,活動の満足感が低下すると考えられる。これらの結果から,中学生や高校生のボランティア活動への参加意欲を高めるためには,充実感が得られやすい活動を提供することや,ボランティア活動の意義や目的を理解するための事前学習を行うことなどが必要と考えられる。

第7章
サークル集団への所属意識

高田治樹

　大学生の多くは，サークル集団で活動し，大学生活を充実させている。しかし，サークル集団に所属する学生のすべてがサークル集団に所属してよかったと考えるわけではなく，サークル集団に不満を抱きながら続ける学生や，サークル集団を辞めてしまう学生がいる。本章では，サークル集団への所属意識について，企業組織における組織コミットメントの観点から学んでいく。また，所属意識の形成過程について組織社会化理論について概観する。

7.1　サークル集団が研究される理由

7.1.1　サークル集団と大学生活・社会生活との関連

　サークルや部活は大学生にとって身近な存在である。大学生の生活実態の調査では，8割以上の学生が，サークルや部活で活動した経験があると報告されている。また，大学に公認されているサークルや部活の数は，学生数が5万人を超える規模が大きい大学で500団体以上，学生数が1万人の規模の大学でも100団体以上が公認されており，非常に多種多様なサークルや部活が存在している。大学生はさまざまなサークルや部活に所属し，多様な活動に従事していることがうかがえる。

　新入生は，サークルや部活に所属することで交友関係を広げ，サークルや部活は大学生の大学生活を充実させている（次章参照）。また，サークル集団での活動経験は，企業でとられる行動方略の下地につながるなど，社会生活においても有用であることや，サークル集団での活動が人格形成や社会性の獲得に

重要な役割を果たすことなどがさまざまな研究で指摘されている（肥田野，1982；橋本他，2010；関，2003）。さらに，社会生活や進路選択で役立った大学時代の経験としても上位にあげられる（労働政策研究・研修機構，2005）など，サークル集団での活動は大学生活だけではなく，社会生活においても有益となる。

一方で，サークル集団に所属した学生のうち2割の学生がサークル集団を退団した経験を有している（全国大学生活協同組合連合会，2013）。サークルや部活は大学生の自主的な活動によって行われているために，所属する人々がいなければ，組織が消滅する可能性がある。横山（2011）も，サークルや部活を運営する学生が，所属する人々が少ないことに困っていることを明らかにしている。また，サークル集団を退団する学生だけではなく，幽霊部員のように所属はしていても，活動に参加しない学生や，サークル集団を辞めたいのに辞められない学生など，学生によってサークル集団との関わりはさまざまである。

なぜ，活動がしたくて所属したにも関わらず，サークルや部活を辞めてしまう学生が生まれてしまうのか。本章では，大学生がサークルや部活に所属する理由や退団してしまう理由について，サークルや部活への所属意識の観点から概観する。

7.1.2 集団・組織研究としてのサークル・部活

サークルや部活への所属意識について検討する前に，まず「サークルや部活とはなにか？」ということについて触れていく。大学生が所属する正課外活動をするための集団は，サークル，部活，同好会などさまざまな呼称で呼ばれている。大学生の正課外活動は非常に幅が広く，サークルや部活以外にもアルバイトや大学外でのボランティア活動も正課外活動に含まれる。そのため，サークル，部活，同好会などの正課外活動集団はサークル集団として統一されて呼称される。

大学生が所属するサークル集団は，企業組織などのフォーマル集団とは異なる性質を持つセミフォーマル集団である（新井，2004；次章参照）。高田（2017）は，企業組織とサークル集団の具体的な相違として，①構成員同士の

地位関係が不明確である，②組織から離脱することのコストが低い，③所属期間が最長4年である，④入団を希望する集団に所属しやすい，⑤集団ごとに組織の活動目標が多様である，⑥集団の性質にばらつきが多いことを指摘している。高田（2017）では，先行研究を参考に，サークル集団を「大学生活における長期的かつ非営利的な正課外活動を目的として，大学生が主たる構成員として自主的に運営ならびに活動をする集団」と定義している。

それでは，具体的に，サークル集団は集団としてどのような特徴があるのだろうか。心理学において，個人の性格を把握するアプローチは，個人の性格を量的にとらえようとする特性論的アプローチと，個人の特徴によって個人を質的に分類する類型論的アプローチの2つに大別される。サークル集団でも，同じように，類型論的アプローチと特性論的アプローチによって，サークル集団の特徴を把握するような研究がなされている。

1. サークル集団の特性

サークル集団の組織としての特性は，集団や組織で用いられてきた指標によって検討されている。たとえば，集団の魅力を表す集団凝集性（橋本他，2010），従業員が認識する組織の環境を表す組織風土（尾関・吉田，2007），組織を運営する人々のリーダーシップ行動（三隅，2001）などである。サークル集団の特徴を量的に測定するために，さまざまな指標が開発されているが，それらの指標をまとめると，活動に関連する側面と成員に関連する側面の2つの側面に分類される。集団凝集性では，成員がどれだけ集団の目標や活動内容に満足しているかを表す課題志向次元と，成員が集団の他のメンバーにどれだけ好意をもっているかを表す成員志向次元に区別されている。また，大学生のスポーツ・クラブのリーダーシップは，「統率」と「練習への厳しさ」という課題志向のリーダーシップ行動と，「配慮」と「クラブ維持」という成員志向のリーダーシップ行動に区別される。

その他に，活動や成員の側面と関連しないサークル集団に独特な指標では，集団フォーマル性があげられる（新井，2004）。集団フォーマル性とは，サークル集団がフォーマル集団にあてはまる程度であり，集団の体制や厳格さに関する特性である。企業組織よりも組織のばらつきが大きいサークル集団ならで

はの指標である。また，黒川（2014）も，サークル集団に重要な特徴として，活動に関連する側面を測定する「活動の魅力」と成員に関連する側面を測定する「対人関係の円滑さ」に加えて，体制に関する側面を測定する「活動の適切さ」を重要なサークル集団の特性として導出している。

このように，サークル集団の特性は，活動に関する側面，成員に関する側面，体制に関する側面の3つの側面から測定されており，それぞれの特性の違いが，先輩に対する行動（新井，2004）や，迷惑行為（尾関・吉田，2007），サークル集団への態度（高田，2014；高田・松井，2018）に影響を及ぼしていることが明らかにされている。

2. サークル集団の類型

サークル集団をいくつかのタイプに分類する類型論的アプローチでは，集団の種類と活動の系統という2つの観点が用いられている。

まず，サークル集団の種類は，サークルと部活に大別される。前述のように，サークル集団にはさまざまな呼称が存在しているが，クラブや部活とサークル，同好会，愛好会によって大きく性質が異なる。たとえば，クラブや部活は，サークルや同好会よりも組織の体制が厳格であるイメージを有している。また，大学によっては部活とサークルで，活動を援助する大学からの資金にも違いがある。たとえば，野球部や陸上部などではOBが後援会として資金を援助したり，活動場所についても大学が優先して施設の貸し出しを実施したりすることがある。加えて，部活は活動に積極的に取り組む一方で，サークルは活動に一生懸命取り組むよりも，人間関係や交友関係を広げるために活動する側面が重視されているイメージを有しているだろう。このように，サークル集団では，部活とサークルのイメージは大きく違うと考えられる。

次に，サークル集団の活動は，体育会系と文化系の2つの系統に大別される。体育会系は，野球部やサッカー部，陸上部など活動内容が運動に関わる活動系統である。高等学校では運動部活動と呼称される。体育会系の活動は，さらに空手などの個人競技やラグビーなどの集団競技に細分化されて検討されることもある。一方，文化系は，体育会系に属さないサークル集団としてまとめられ，吹奏楽部や書道部，カメラサークルなどの芸術に関わる活動をするサークル集

7.1 サークル集団が研究される理由

団や，アニメ同好会やゲームサークルなどの娯楽趣味に関わる活動をするサークル集団などが属する。その他にも，大学によっては，小学生や中学生の学習ボランティアや，福祉施設へのボランティア活動など，福祉に関わる活動をするサークルを福祉系としてまとめることもある。

上記でまとめられるサークル集団における活動の系統と集団種類による類型の組合せによって，サークル集団の特性はどのように異なるのだろうか。高田（2017）は，前述のサークル集団で代表的な3つの特性と活動頻度，所属人数によって，どのような類型が得られるかを探索的に検討し，4つの類型にまとめている（**表7.1**）。すなわち，第1の類型は，体制が未確立で所属人数が少ない集団，第2の類型は中程度に体制が確立されるが，まだ所属人数が少ない集団，第3の類型は体制が確立され，所属人数が多くなる集団，第4の類型は体制が確立され，所属人数も活動頻度も多くなるが，意見が言いづらくなる集団である。また，導出された集団の類型と集団の種類ならびに活動の系統との関連では，第1の類型では文化系部活が多く，第2の類型では体育会系サークルが多く，第3の類型では文化系サークルが多く，第4の類型では体育会系部活が多かった。

したがって，部活が必ずしも厳しいわけではなく，体育会系部活は集団としての体制が厳しく，意見も言いづらいが，文化系部活は所属人数も少なく集団としての体制がまだ確立されていなかった。また，文化系サークルは集団の体制は確立されており，所属人数も多いが，活動頻度は少なく，集団内の人間関

表7.1 サークル集団の特性と類型との関連（高田，2017を改編）

集団の特性	特性の内容	類型1	類型2	類型3	類型4
成員に関する側面	集団での意見の言いやすさ	低い	低い	高い	低い
活動に関する側面	活動の管理されやすさ	低い	中程度	高い	高い
体制に関する側面	体制が確立されている程度	低い	中程度	高い	高い
活動頻度	活動の多さ	少ない	少ない	少ない	多い
所属人数	所属人数の多さ	少ない	少ない	多い	多い
サークル集団の類型		文化系部活	体育会系サークル	文化系サークル	体育会系部活

係も円滑であった。つまり,「部活が厳しい」や「サークルはゆるい」という一般論は,「『体育会系』部活が厳しい」や「『文化系』サークルは活動頻度が少ないが,体制はしっかりしている」という表現が適切であると考えられる。

7.2 所属意識とはなにか？

組織に所属する人には,「組織に所属したい」という欲求があるだろう。しかも,どの組織に所属してもよいのではなく,どこか特定の組織に所属したいと考える。

たとえば,あなたが大学に入学したばかりの新入生であると想像してほしい。あなたは楽器を吹くのが好きだったので,吹奏楽部に所属しようと考えた。大学に複数ある吹奏楽部の中から,一つの吹奏楽部を選んで入部した。その吹奏楽部の先輩は優しく,一緒に入った同期とも仲良くなった。その結果,自分をその吹奏楽部の一員であると考え,その吹奏楽部に所属していたいと考える。このような,「自身が所属する組織に所属している」という気持ちが**所属意識**である。

7.2.1 企業組織における所属意識

所属意識と類似する組織に属する意識として**帰属意識**があげられる。所属意識が「組織に所属している」という意識であるとするなら,帰属意識は「組織に所属していたい」という意識である。心理学において,所属意識や帰属意識を表す概念は組織コミットメントとして研究されてきた。

組織コミットメント（Organizational Commitment）とは,「個人が組織に対して抱く意識」である。組織コミットメントについては,1960年代からさまざまな研究がなされており,研究者によってさまざまな種類の組織コミットメントが提唱されてきている。メイヤーとアレン（Meyer & Allen, 1987）によれば類似する概念だけでも25以上の概念があることが指摘されている。ただし,まとめると,組織コミットメントは「情緒的コミットメント」と「功利的コミットメント」の2つに大別される。

7.2 所属意識とはなにか？

「情緒的コミットメント」は，組織に対する愛着的な要素としてまとめられる。たとえば，マウディ他（Mowdy et al., 1979）は，組織コミットメントを「組織への同一視や没入の相対的強さ」と定義し，組織コミットメントが①組織の目標や価値に対する信頼と受容，②組織のために進んで努力する意思，③組織の一員として留まろうとする欲求の3つの要素によって特徴づけられるとした。マウディ他（1979）は，上記の内容で表される組織コミットメントを測定する **OCQ**（Organizational Commitment Questionnaire）を開発した。OCQは，その後の組織コミットメント研究で広範囲に用いられていて，組織コミットメントが組織への愛着という認識を生み出している（髙木，2009）。

一方で，「功利的コミットメント」は，組織に愛着があるから所属するのではなく，損得勘定に基づき組織に所属しようとする意識である。功利的コミットメントは，ベッカー（Becker, 1960）のサイドベット理論に基づいて提唱された組織コミットメントである。サイドベット（side-bet）とは，組織を離れることで無価値となってしまう，その個人が組織に投資した金銭，時間や労力である。組織に対して投資した時間や労力は決して取り戻すことができない。そのため，組織への愛着が存在しなくても，組織を離れることで損をする可能性によって所属し続けようとする意識が功利的コミットメントである。

アレンとメイヤー（Allen & Meyer, 1990）は，組織コミットメント3次元説を唱え，情緒的コミットメントと，功利的コミットメントと同じ内容の存続的コミットメントの他に，3つ目のコミットメントとして規範的コミットメントを導出している。規範的コミットメントとは，組織に所属するのは当然であるから所属するというコミットメントであり，情緒的コミットメントと功利的コミットメントとは異なる側面として導出されている。

組織コミットメントの要素については海外だけではなく，日本においても検討されている。たとえば，関本・花田（1985，1986）は，マウディ他（1979）の組織コミットメント尺度を拡張し，4つの要素を抽出している。①組織の目標・規範・価値観の内在化，②組織のために働きたいという積極的意欲，③組織に留まりたいという残留意欲，④組織から得るものがある限り組織に帰属する功利的帰属意識である。また，髙尾（1996）は，アレンとメイヤーの3次元

組織コミットメントに加えて，従業員と組織理念が一致する程度である価値的コミットメントを新しく導出して組織コミットメントの4次元説を唱えている。さらに，高木他（1997）でも，組織への情緒的愛着を表す愛着要素，組織の目標や価値を内在化している程度を表す内在化要素，組織を辞めないことは当然と考える規範的要素，組織から得られるものがあれば所属し続けることを表す存続的要素の4つの要素が導出されている。

7.2.2 サークル集団における所属意識

帰属意識や所属意識を表す概念である組織コミットメントは，企業組織だけでなく，サークル集団を対象としても検討されている（橋爪他，1994；橋本他，2010；高木，2007）。サークル集団における組織コミットメントを検討した研究では，企業組織と同じ要素が導出される研究もあるが（橋爪他，1994；高木，2007），企業組織とは異なる要素を導出した研究もある（橋本他，2010）。橋本他（2010）は，アレンとメイヤー（1990）の3次元組織コミットメントを参考にして，日本のサークル集団における組織コミットメントを研究した。その結果，先行研究と同様に，情緒的コミットメント，規範的コミットメントは導出されたが，存続的コミットメントが導出されず，集団同一視コミットメントが新たに導出された。この理由として，橋本他（2010）では，サークル集団がフォーマル集団である企業組織とは異なる性質をもつ集団であるためであると考察している。

高田（高田，2014；高田・松井，2018）では，サークル集団の組織としての独自性や学生のサークル集団との関わり方をふまえて，より網羅的にサークル集団独自の所属意識を検討するために，新たにサークル集団への所属意識を「サークル集団への態度」としてとらえて探索的に検討した。

高田による一連の研究では，まず，サークル集団に所属した経験のある大学生を対象として半構造化面接調査を実施した（高田，2014）。面接調査には，現在もサークル集団に所属する学生だけでなく，すでにサークル集団を退団した学生も参加してもらい，サークル集団に対する肯定的な態度だけでなく，否定的な態度についても明らかにするように試みた。それによると，面接調査の

7.2 所属意識とはなにか？

回答の中には，サークル集団を「居場所」と考えて愛着を頂いたり，積極的に集団を良くしようとする肯定的な関わり方だけでなく，一歩引いた場所からサークル集団と関わったり，我慢しながらも続けていたり，サークル集団に対して期待することを諦め，辞めていく否定的な関わり方が導出された。

次に，上記の面接調査の結果に基づき，サークル集団への態度を測定する心理尺度である「サークル集団態度尺度」を作成した。作成手順は以下の4つの段階を経て作成された。第1に，面接調査で得られた回答を参考にして項目を作成した。第2に，既存の大学生のサークル集団へのコミットメントを測定するサークル・コミットメント尺度（橋本他，2010）との関連性を検討し，尺度の妥当性について検討した（高田，2014）。第3に，サークル集団への態度に含まれると想定される集団に対して反抗する態度を新たに想定した項目を含めて尺度を改訂した。第4に，尺度が時間経過を伴っても同様の概念を測定していることを検討するために，縦断調査によって尺度の安定性を検討した（高田・松井，2017）。

以上，一連の手続きによって作成された尺度は，サークル集団への態度として以下の6つの態度を導出した（**表7.2**）。すなわち，それぞれのサークル集団への態度の内容は，①集団に対して情緒的愛着を抱く「集団への親近」，②集団のために率先して働こうとする「集団への責務」，③集団を辞めたいが，辞められないと考える「集団への妥協」，④集団に不満を抱き，集団と対立する「集団への反抗」，⑤集団に居場所がなく，集団を辞めようとする「集団からの離脱」，⑥集団に関心が薄く，集団の流れに身を任せようとする「集団の日和見」である。

高田・松井（2017）では，それぞれのサークル集団への態度の相互関連性について視覚的に把握するために，対先輩行動・対後輩行動でも導出された円環モデル（次章参照）を参考に，サークル集団への態度を円環モデルとして構築した（**図7.1**）。

円環モデルを参照すると，サークル集団への態度が2つの軸によって理解される。すなわち，サークル集団を受容しているか拒否しているかという「受容―拒否」という軸と，サークル集団への活動に関与しているかいないかの「関

表7.2 サークル集団への態度尺度（高田，2018より改編）

サークル集団への肯定的態度	
集団への親近	**集団への責務**
A1 その集団のメンバーともっと仲良くなりたいと思っている	B1 その集団の責任のある仕事をしたいと考えている
A2 その集団にずっと留まっていたいと思っている	B2 その集団をよくする責任が自分にはあると思う
A3 その集団の活動を楽しみにしている	B3 その集団で率先して行動するように心がけている
A4 その集団にいると安心する	B4 その集団がさらに発展するように自ら動いている
A5 その集団の人間関係が大事だと思っている	B5 その集団の体制を確立したいと感じている
サークル集団への両面的態度	
集団への反抗	**集団への妥協**
C1 その集団の変化しない体制に対して反発している	D1 その集団を他の人に変えて欲しいと思う
C2 その集団のやり方に公然と反対をしている	D2 その集団に不満を感じることに慣れた
C3 その集団の慣習に反感を持っている	D3 その集団では我慢をしていようと思う
C4 その集団の現状に対する憤りを公然と表している	D4 その集団で自分の意見を言いづらい
C5 その集団の組織の在り方を批判している	D5 その集団を誰かが変えることを期待している
サークル集団への否定的態度	
集団からの離脱	**集団での日和見**
E1 その集団にいても自分のやりたいことができないと思う	F1 その集団では人から言われたことだけをしている
E2 その集団の活動に参加することが気乗りしない	F2 その集団は変わらなくてもいいと思っている
E3 その集団にいる時間が無駄だと感じている	F3 その集団で自分は頑張らなくてもいいと思っている
E4 その集団の在り方が自分とは違うと感じている	F4 その集団の流れに任せればいいと感じる
E5 その集団から離れたいと考えている	F5 その集団ではみんなの意見に合わせればいいと考えている

与―不関与」という軸である．サークル集団への態度は，この2つの軸の組合せによって，3つの態度群に分類される．第1の態度群は，「集団への親近」と「集団への責務」を含み，横軸が受容的かつ縦軸が関与的な態度である．つまり，集団に好意を抱き，積極的に集団を発展させたいと考える態度であることから，肯定的態度群と解釈された．たとえば，所属するサークル集団が好きで，もっと集団を良くしたいと願っている態度を抱く学生は，運営に携わるような学生を想像して貰えると理解しやすいであろう．

第2の態度群は，「集団の日和見」と「集団からの離脱」を含み，横軸が拒

7.2 所属意識とはなにか？

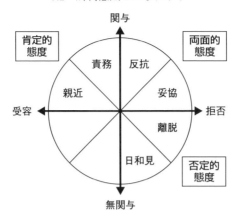

図 7.1　サークル集団への態度の円環モデル（高田・松井，2017を改編）

否的かつ縦軸が無関与的な態度である．つまり，集団から距離をとり，辞めようとしている態度であることから，否定的態度群と解釈された．幽霊部員のように辞めるきっかけがないため，所属はしているが活動に参加しない学生や，退団してしまった学生は否定的態度群に含まれる態度をとりやすいと考えられる．

第3の態度群は，「集団への反抗」と「集団への妥協」を含み，横軸が拒否であるが，縦軸が関与的態度であった．つまり，集団に不満を抱き，不満を抱いているにも関わらず，集団で我慢をしたり，集団に反抗している態度であることから，両面的態度群と解釈された．サークル集団で問題視される，集団に不満を抱いているが所属している学生は両面的態度群の学生であるだろう．また，集団に不満を抱いているにも関わらず，集団に対して対立する意見を述べる学生も辞めないでサークル集団に留まっているという点で両面的な態度を抱いていると考えられる．

上記で紹介してきた，企業組織ならびにサークル集団における組織コミットメントと高田による一連のサークル集団への態度をまとめ，**表7.3**を作成した．概観すると，所属意識は，非常に多様である一方で，サークル集団への所属意識は，企業の組織コミットメント研究を参考にして研究されていたため，企業組織とサークル集団でも類似した側面が見出されている．しかし，高田の一連

表7.3 組織コミットメントのまとめ

		愛着要素	集団同一視	尽力要素	葛藤要素	功利的要素	反抗要素
企業組織	マウディ他(1979)	OCQ					
	ベッカー(1960)					サイドベット	
	アレン&メイヤー(1990)	情緒的コミットメント	規範的コミットメント			存続的コミットメント	
	関本・花田(1985, 1986)	残留意欲	内在化	積極的意欲		功利要素	
	高尾(1996)	情緒的コミットメント	価値的コミットメント		規範的コミットメント	継続的コミットメント	
	高木・石田・益田(1997)	愛着要素	内在化要素		規範的要素	存続的要素	
サークル集団	橋爪・佐藤・高木(1994)	残留的コミットメント	規範的コミットメント	意欲的コミットメント		功利的コミットメント	
	高木(2006, 2007)	愛着要素	内在化要素		規範的要素	存続的要素	
	橋本・唐沢・磯崎(2010)	情緒的コミットメント	集団同一視コミットメント		規範的コミットメント		
	高田・松井(2018)	集団への親近 集団からの離脱	集団への責務		集団への妥協	集団への日和見	集団への反抗

の研究では，サークル集団の実態に即した独自の意識にも着目することで，新たな意識を導出している。

7.3 所属意識はどのように形成されるのか

組織への所属意識として表される組織コミットメントは，組織に参入すればすぐに形成されるわけではない。それでは，所属意識はどのようにして形成されるのであろうか。本節では，所属意識の形成過程について，まず企業組織でどのように扱われているのかについて概観した後，サークル集団での所属意識の形成過程について概観する。

7.3.1 企業組織における所属意識の形成

新たな組織に参入した新入成員は，組織から受容されるために，組織におい

て適切な行動や振る舞いなどを身につけるように努力する。このように，組織における仕事上の知識や対人関係の知識の学習は，新入成員と組織の双方にとって重要な学習過程であり，**組織社会化**（organizational socialization）と呼ばれる。組織社会化は，「個人が新しい職業の役割に適応するために必要な知識，技能，態度，行動を獲得する過程」と定義される（Ashford & Nurmohamed, 2012）。バウアー他（Bauer et al., 2007）は，組織社会化が個人にもたらす効果を検討し，組織コミットメントが高められ，離職率が低くなることを明らかにした。つまり，組織社会化の過程を通じて，所属意識が形成されていると考えられる。

組織社会化は，おおきく組織参入前，組織参入時，組織参入後の3つの段階に区分され，それぞれの時期での出来事が，組織への所属意識である組織コミットメントに影響を及ぼしていることが明らかにされている（高橋，1993；古川，2011）。

1. 組織参入前

組織社会化は組織に参入する前，つまり個人が組織への参入を考慮する段階からはじまっている。たとえば，就職活動を開始しようとする大学生は，企業案内パンフレットや企業説明会などを通じて，企業についての知識を獲得し，企業理念や組織環境を把握することができる。このように，新たな組織に参入しようとする個人は，組織に参入する前から，組織についてのさまざまな情報を取得しようと行動している。

組織に参入する前に組織の情報を取得し，参入後の組織社会化に寄与する行動は，**予期的社会化**（anticipatory socialization）と呼ばれる。予期的社会化の段階では，事前の組織に対する情報収集によって，組織に対する期待を形成している。当然のことながら，参入する組織を選択しようとする個人は，自身が抱く期待に沿う企業組織に参入したいと考える。

しかし，入社前に取得する組織に関する情報は，組織のポジティブな側面がアピールされているため，組織に対して過度な期待が形成されてしまう。過度に形成された期待は，組織参入後に直面する組織の現実との間にギャップを生み出し，参入後の不適応につながる恐れがある。そのため，組織への過度な期

待を生み出さない方法として，**現実的職務予告**（realistic job preview）があげられる。ワナス（Wanous, 1992）によれば，現実的職務予告とは，企業側が採用段階において，あらかじめ応募者に対して本当の企業の情報を提供することである。たとえば，応募者に対して企業に関するポジティブな情報とネガティブな情報を提示し，応募者の価値と，企業の価値や目標が適合しているかを判断する材料の提示などを行うことで自分に合う組織かの判断がしやすくなる。

しかし，現実的職務予告は，組織への期待を低めてしまうため，組織に入社したいという気持ちをも低めてしまう可能性がある。ただし，フィリップス（Philipps, 1998）は，過度な期待を形成しないことで，離職率を減少させ，職務業績を高める効果があることを示している。また，ガナザック他（Ganzach et al., 2002）も，企業による現実的職務予告によって，応募者は組織を誠実であると判断し，入社後の組織への忠誠心を高める効果があることを示している。さらに，日本における研究（林，2015；竹内・竹内，2009）でも，就職活動時に組織や自身についての情報を収集することで，組織参入後の組織コミットメントが高まることが明らかにされている。

2．組織参入時

組織参入時には，組織参入前に組織へ過度な期待を抱くと，実際の組織と接触した場合に期待外れと感じることがある。組織に抱いた過度な期待と現実とのギャップは**リアリティ・ショック**と呼ばれる。リアリティ・ショックは，企業における新入社員や新卒看護師，大学生など，さまざまな人々を対象として研究されており，リアリティ・ショックが参入後の組織コミットメントを抑制し，退職しようとする気持ちを高めることが明らかにされている（糸嶺，2013；佐々木，2006）。つまり，組織参入時には，リアリティ・ショックを生じさせないことが新入社員の適応に重要となる。

3．組織参入後

組織参入時のリアリティ・ショックを乗り越えた人々は，新たな組織で効率的な一員となるために，組織で必要となる情報や知識を理解する必要がある。組織で必要とされる情報は，組織社会化の内容とも呼ばれ，おおよそ3つの領

域にまとめられる。すなわち，①組織の目標や価値に関する情報，②組織での役割に関する情報，③所属成員から受容されるための情報である（古川，2011）。

　第1の組織の目標や価値に関する情報とは，組織がどのような目標を設定し，どのような組織を目指しているか，組織がどのような価値や活動を重視しているかに関する情報である。多くの企業組織では企業理念や経営ビジョンが明確にされており，組織が掲げる価値を自身の中に受け入れることが，組織への所属意識を形成することにもつながる。

　第2の組織での役割に関する情報は，組織や職場において自分が担い果たすべき役割に関する情報である。組織では，全員が同じ仕事をするわけではなく，部署やチームによって果たすべき役割が異なってくる。そのため，職場における自身の役割を正しく認識し，その役割に沿って行動することが必要となる。正しく役割を認識し，役割を遂行する上で必要とされる技能や能力を獲得することで，仕事に関してやりがいを感じることができるようになり，組織で必要とされる人材へと成長する。

　第3の所属成員から受容されるための情報は，職場での対人関係を円滑に進めるための情報である。組織は上司や同僚などさまざまな人々によって構成されており，協同して働いていくためにも，組織において受容されることが必要となる。

　組織で必要な情報を取得するためには，組織が適切に情報を提供する必要がある。ヴァン・マーレンとシェイン（Van Maaren & Schein, 1979）は，企業が個人に情報を提供する一連の働きかけは**組織社会化戦術**（socialization tactics）と呼ばれる。また，組織から情報が提供されるのを待つだけではなく，自発的に組織の情報を取得しようとする行動や，組織，リーダー，同僚からの働きかけによっても，個人は組織で必要な情報を取得していることが明らかになっている。

7.3.2　サークル集団における所属意識の形成

　所属成員が組織の一員となる組織社会化過程は，企業組織では検討されているが，サークル集団ではいまだに検討されていない。しかし，組織コミットメ

ントと同じように，サークル集団においても組織社会化過程は存在すると考えられる。そこで，本項ではサークル集団における組織社会化過程を類推する研究を紹介する。

1. 組織参入前の入団理由とサークル集団選択

企業組織における組織社会化過程では，就職活動をする学生や組織に入社する前には組織に対する期待形成がなされていた。サークル集団でも同じように，サークル集団に参加する前の新入生は，サークル集団に対してさまざまな期待をしている。高田（2017）は，サークル集団への期待をサークル集団への入団理由としてとらえ，大学1年生436名を対象に調査を実施した。その結果，大学生がサークル集団に入団する理由が，活動志向理由，成員志向理由，緩さ志向理由の3つに分類されることを明らかにしている（**表7.4**）。

1つ目の活動志向理由は，活動が面白そうなどの活動内容に魅力を感じて入団したという理由である。大学生のサークル集団は，高校時代の部活動よりも多種多様な活動があり，新たな活動を始める大学生も多い。高田（2017）の調査では，活動を求めて入団する理由を選択する学生が9割以上もおり，サークル集団に入団する理由の多くが活動を志向していた。

表7.4　サークル集団への入団理由の選択率（高田，2017）

領域	項目内容	選択率(%)
活動志向理由	その集団の活動が面白そうだったから	94.7
活動志向理由	その集団で自分がやりたいことができそうだったから	93.7
成員志向理由	大学での人間関係を広げたかったから	77.3
成員志向理由	その集団の先輩たちが楽しそうだったから	74.3
成員志向理由	その集団の人たちと仲良くなれそうだったから	72.2
成員志向理由	サークル集団で人脈を広げたかったから	66.8
活動志向理由	その集団で新しいことに挑戦したかったから	65.6
緩さ志向理由	その集団で気楽に活動ができそうだったから	58.3
緩さ志向理由	その集団の活動が厳しくなさそうだったから	45.0
緩さ志向理由	その集団に時間を縛られなさそうだったから	43.5
活動志向理由	その集団で技術や技能を向上させたかったから	43.4
緩さ志向理由	他にやりたいことの邪魔にならなそうだったから	42.3

7.3 所属意識はどのように形成されるのか

2つ目の成員志向理由は，サークル集団で交友関係を広げようと思い入団したという理由である。大学では高校時代とは異なり，特定のクラスがない場合が多いため，友人を作るためにサークル集団に入団しようとする学生がいる。サークル集団に所属するメリットに関する調査でも，7割の学生が交友関係を広げることをメリットとしてあげている。

3つ目の緩さ志向理由は，集団で気楽に活動したいという気持ちで入団する理由である。サークル集団に入団する学生がいる一方で，サークル集団に入団しない学生もいる。サークル集団に入団しない学生の多くが，時間的拘束や金銭的な負担など，サークル集団での負担感に関する理由を主にあげている。しかし，サークル集団で活動していないことで，大学生活や就職活動で何かしらのデメリットがあると予想する学生もいる。そのような学生にとっては，とくにやりたいこともないが，自分の時間の邪魔にならないなら，とサークル集団に入団しようとする。

高田（2017）では，さらに，サークル集団の入団理由とサークル集団の種類との関連を検討している。その結果，活動志向理由が強い学生は，活動頻度が多く，集団の体制が厳しい運動系部活のようなサークル集団を選択する一方で，成員志向理由が強い学生は，活動頻度は多くないが，所属する人数が多い文化系サークルのような集団を選択しやすかった。また，緩さ志向理由が強い学生は，活動頻度や所属人数が少なく，集団としての体制が緩いサークル集団を選択しやすかった。

以上のように，大学生がサークル集団に求めるものは，人によってさまざまであり，多くのサークル集団の中から，自身の価値に合う可能性があるサークル集団を選択している。しかし，過度な期待を抱きながら，サークル集団に参加することで，リアリティ・ショックが生じると考えられる。その結果として，サークル集団に参加した学生全員がサークル集団で楽しく活動できるわけではなく，熱意を持って入団したにもかかわらずに途中で辞めてしまったりする学生が生じる可能性もある。

2. 所属意識が変化する出来事

企業組織では，組織参入後に組織で必要とされる情報の取得が組織コミット

メントを高めるために重要であった。サークル集団においても同様に，組織で必要とされる情報の取得が重要であると考えられる。それではサークル集団ではどのような場面で組織に必要な情報が獲得されるのであろうか。

　サークル集団での活動は，日常的な活動だけではなく，さまざまな行事活動が定期的に開催される。たとえば，サッカー部や野球部などの体育会系サークル集団での競技大会や，吹奏楽部や管弦楽部では発表会など，サークル集団の活動の目標となる行事活動が開催される。また，活動の目標となる行事活動以外にも，親睦会や合宿など，サークル集団の所属成員同士が親睦を深める行事活動も開催される。サークル集団では，団体によって活動頻度が異なり，ほぼ毎日活動する集団もあれば，週に1回しか活動しない団体もある。そのため，サークル集団では，日常的な活動よりも，行事活動が組織に適応する重要な出来事となる。

　それでは，行事活動を通じて，サークル集団に所属する大学生には，どのような意識の変化が生じているのだろうか。高田（2018）は，サークル集団の行事活動を通じた意識の変化について検討している。調査では，行事活動を経験した後に生じる意識の変化を，行事活動で獲得された心理的成果ととらえ，行事活動で獲得された心理的成果を測定する尺度を作成することにした。尺度作成にあたり，サークル集団の代表者に対して，サークル集団で実施する行事活動にどのような意味や役割があるのかを調べるため半構造化面接調査を実施した。調査によって得られた回答をまとめ，尺度項目とした。次に，面接調査に参加してもらった19のサークル集団の代表者に依頼し，それぞれのサークル集団に所属する大学生456名に対して質問紙調査を実施した。質問紙は，それぞれのサークル集団で異なる行事活動が実施されていたため，代表者にサークル集団で代表的な行事活動を尋ね，それぞれの行事活動でどのような心理的成果が得られたかについて回答を求めた。その結果，行事活動で獲得される心理的成果は3つに分類されることがわかった（**表7.5**）。

　1つ目の心理的成果は，集団のことを理解し，集団になじめたという成果である。この成果は，親睦会や合宿など所属成員の交流を促す行事活動を通じて，所属する人々と交流する中で生じており，集団に自分が受容されているという

表7.5 行事活動への心理的成果 (高田, 2018を改編)

集団への適応
集団のことを理解できた
集団内における意見を交換できた
団結力が深まった
行事を楽しむことができた
集団に慣れることができた
練習成果の達成
個人としての練習成果を示せた
集団としての練習成果を示せた
自分の成長を確認できた
行事による成長感
集団での責任感がついた
様々な面で成長をした
練習のモチベーションがあがった

感覚を生み出していた。

　2つ目の心理的成果は，サークル集団での日常的な活動で培った練習の成果を確認する競技大会や発表会などの行事活動を通じて獲得される，個人としての練習成果だけではなく，チームとしての練習成果を示すことができたという達成感であった。

　3つ目の心理的成果は，競技大会や発表会に加え，合宿などの自分自身が成長しなければならない行事活動を通じて獲得される，集団に対する責任感を抱き，自身が成長したという意識の変化であった。

　このように，サークル集団の行事活動を通じて，大学生はサークル集団における自身の意識の変化を経験する。この経験の積み重ねが，サークル集団への意識にも変化をもたらし，サークル集団を継続したいという意識やサークル集団をもっと盛り上げたいという意識の変化をもたらすと考えられる。

7.4 まとめ

本章では，サークル集団への所属意識と所属意識の変化について概観した。しかし，大学生サークル集団の研究はいまだ少なく，企業組織を対象とした研究で構築された理論を援用する研究が多い。サークル集団は，企業組織とは異なる集団であり，企業組織で得られた組織社会化に関する研究知見がサークル集団にそのまま適用できるとは限らない。サークル集団の所属意識がどのように形成されるか，またどのように変化していくか，に関しては検討されていない。また，入団理由における緩さ志向理由や，行事活動のようなサークル集団に独特なイベントなど，サークル集団でしか得られない現象も多く存在する。そのため，大学生サークル集団に関する研究は少ないが，サークル集団にはまだまだ面白い現象が潜んでいるといえるのかもしれない。

第8章
部活動・サークル集団における先輩後輩関係

新井洋輔

　第7章ではサークル集団が研究される理由と，所属意識やその変化について見てきたが，本章では学生にとっての部活動・サークル集団に所属する意義とサークル集団内の対人関係に着目する。本章ではまず，部活動・サークル集団に所属する理由と意義に関する研究を紹介し（8.3まで），部活動・サークル集団がもつ特徴について整理したあと（8.4），部活動・サークル集団内の対人行動の様式（8.5）や公正性の認知（8.6）の研究を紹介し，最後にそれらの知見をふまえて総括することとする（8.7）。

8.1　部活動・サークル集団における先輩後輩関係とは

　「なぜ先輩後輩関係という上下関係があるの？」という疑問をもったことはあるだろうか。部活動やサークル集団に入ったことのある人ならば，年上に気を遣ったり後輩の見本になるよう振る舞ったりという先輩後輩関係を煩わしく感じたり悩んだりしたことがあるかもしれない。
　部活動に入ったことのない人でも「上下関係は文化系よりも体育会系のほうが厳しいものだ」と"知って"いたり，「今の若者は年上を敬わなくなった」あるいは「年功序列は昔のほうが厳しかった」という意見を聞いたりしたことがあるのではないだろうか。
　そもそも，なぜ学生たちは，先輩後輩関係という面倒な対人様式をもった部

活動やサークル集団に入ろうとするのだろうか。部活動やサークル集団に関する研究の成果は，「サークル集団を運営する学生にとって，充実した運営を促す」(高田，2017)可能性をもつと同時に，集団内の対人行動の特徴を明らかにする上で心理学的研究の絶好の対象でもある (7.1 参照)。

本章では，「なぜ部活動やサークル集団に入るのか」，すなわち部活動やサークル集団に加入する理由を整理したあとで，「なぜ先輩後輩関係はあるのか」「先輩後輩関係ではどのように振る舞ったらよいのか」という先輩後輩関係に関わる疑問について，読み解いていく。

8.2 部活動・サークル集団に所属する意義 1 ——活動・人間関係・緩さ

そもそも部活動やサークル集団に所属するのは，本人たちにとってメリットがあるからと考えたほうが自然であろう。

部活動やサークル所属の理由はさまざまな大学で学生を対象に調査がされているが，一貫して多くあげられるのは，「その活動が好き」「そのスポーツが好きだから」などの「活動内容」に関する理由と，「友達ができる」「人間関係が広がる」などの「人間関係に関する理由」である (渡邊・高橋，2002；川端，1998 など)。教育学部 3 年生を対象にサークル集団への所属状況を調査した渡邊・高橋 (2002) では，現在のサークル集団に加入した理由 (複数回答可) として「その活動が好き」が男女ともに 9 割以上ともっとも多く選択されており，サークル活動で良かったこととして「友達ができた」をほぼ全員があげていた。女子大学でのサークル所属について調査した川端 (1998) では，運動系のサークル集団への所属理由として「友人を作るため」「何か運動をしたくて」「そのスポーツが好きだから」が多く回答されていた。高田 (2017；第 7 章参照) による最近の研究では，上記の 2 つの理由を「活動志向」と「成員志向」に整理し，さらに「緩さ志向」(気楽に活動できる，厳しくない，時間的な縛りが少ない) も主な所属理由になっていることを明らかにしている。

高田 (2017) の枠組みに沿って考えると，たとえば部活動やサークル集団へ新入生を勧誘する際には，①練習・試合・発表会などの活動内容とスケジュー

ルを明らかにすることで「活動志向」に訴えること，②所属している先輩たちにはどんな学部の人がいるのかを伝えたり，新入生同士がお互いを知る機会を早期に作ったりすることで「成員志向」に応えること，③可能であれば学業やアルバイトとの両立ができるなどの自由さをアピールすることで「緩さ志向」を満たすこと，以上の3点を強調することで，新入生の心をつかむことができると考えられる。

8.3 部活動・サークル集団に所属する意義2
——成長の機会

前節では部活動やサークル集団に入る当人，つまり学生たちの意識を調査した研究を紹介したが，サークル集団に入る理由は，部活動やサークル集団を作ったり運営を補助したりする大学側や社会人たちの意図から考えることもできる。平たくいえば，「社会人になるための訓練的な場所」のニュアンスをもっているから，という理由である。

教育学的な研究では，大学がサークル活動に期待しているものとして①人間関係調整能力の開発，②技能・技術の開発，③理念的思考力の開発，④社会規範の取得，の4つに整理されている（栗原，1989）。

また，大学を卒業した社会人を対象に調査を実施した荒井は，一連の研究（荒井，1999；荒井・迫，1998；荒井他，1998）で，社会人が「社会生活を送る上で，クラブ・サークルの経験は，アルバイトの経験と同様に役に立つ」と考え，「クラブ・サークルを経験した者は，一般常識が身につく」という期待をもっていることを明らかにしている。また，学生の生活について論じた岡澤（1984）も，「企業が期待する学生とは，成績の良い学生よりもサークル活動やグループ活動を十分に経験している学生である」と指摘している。

部活動やサークル集団に入っている本人たちにとって，上記の経験から得たものは，後から振り返って感じたり気づいたりする部分ではある。しかし，所属している学生たちがこの知見を利用するとすれば，大学側に支援を求める場面や，就職活動などで社会人に対して自身をアピールするときに，活動を通じて経験したことや成長したことが期待されているという観点をもっておくと良

いだろう。「趣味が充実しています」「友達ができました」や「ゆるいので気楽です」と言うのではなく，「こんな能力を伸ばせる活動をしています」「こんなふうに成長しました」といったように，アピールしてはどうだろうか。

8.4 部活動・サークル集団の性質（特徴）

　前節で述べた，部活動・サークル集団に所属すると社会人としての訓練になるという期待は，サークル集団のどのような性質によるものなのだろうか。つまり，「サークル集団に所属することが，会社などの組織での役割を練習する機会になるというのは，サークル集団のどのような性質によるのか？」，本節ではこの点について，考えていくことにしよう。

　前章 7.1.2 で軽く触れられている内容について詳しく説明する。少し理屈っぽくなってしまうが，ちょっと我慢して読んでほしい。会社などの組織は，社会心理学では「フォーマル集団」と呼ばれる。「**フォーマル集団**」とは，集団の共通目的に基づいて作られ（Pugh et al., 1971 北野訳 1974），あらかじめ明文化された階層的な地位構造に成員を配置することで形成され（Newcomb, 1950 森・満成共訳 1956），明確な規則が存在し，それぞれの地位に職務や役割が規定されている集団（広田，1963）のことである。軍隊とか官公庁を想像してもらうとわかりやすいかと思うが，もともと集団の目的と組織図のようなものが決まっていて，そこに人を当てはめることで作られる集団である。「組織外の人に情報を伝える仕事をしなければいけない」ので「1人のまとめ役と5人の働く人で広告の部署を作ろう」という決定をし，「広告の仕事をしてくれる人を合計6人雇おう」といった形で，あらかじめ決められた枠に人を当てはめて作られる。

　大学生になるまでにはフォーマル集団に所属した経験のある人はほとんどいないかもしれない。好きとか嫌いとかをもとにして集団のメンバーが決まるのではなく，役割や，仕事ができるかどうかといった要因でフォーマル集団のメンバーは決まる。ちなみに，仲の良さをもとにしてメンバーが決まる友達集団のことは「**インフォーマル集団**」と呼ぶ。

このフォーマル集団・インフォーマル集団という考え方をもとにして考えると，やりたいことの一致している人が集まってから役割を決めて組織図が作られていく部活動・サークル集団は，弱いフォーマル集団の性質をもっている集団，すなわち**セミフォーマル集団**（semi-formal group）くらいに考えるといいだろう。つまり，部活動・サークル集団は，役割が先に決まっている人を集めたわけではなく，活動や運営のために必要だから役割分けをしている。ただし，役割が明確だったり命令系統が明確になっていたりする程度は集団ごとに違うので，フォーマル集団としての性質の強さは集団によって違う。

このようなとらえ方をすると，セミフォーマル集団としての性質をもっていて，役割や命令系統に沿って活動する部活動・サークル集団が，これから会社というフォーマル集団に入っていく学生たちにとっていい練習になる場所として社会人からとらえられていることは，納得のいくところだろう。

同時に，集団の共通目的やこれを遂行するための役割分担というセミフォーマル集団としての性質は，部活動・サークル集団における先輩後輩関係という上下関係をもたらす要素になっている。次節以降では，サークル集団内の先輩後輩関係について，詳細に検討した結果を紹介しよう。

8.5　サークル集団内の対人行動の実態

「なぜ先輩後輩関係はあるのか」という疑問について，まず「先輩後輩関係が本人たちにとってどんな意義があるのか」という点から考えていくことにする。

サークル内で先輩と後輩の間でどういう行動が起きているかを調べるために，後輩から先輩に対する行動（対先輩行動）と先輩から後輩に対する行動（対後輩行動）を質問紙で調査した研究がある（新井，2004 a, b；新井・松井，2006）。この研究では，面接調査と質問紙調査を組み合わせて対先輩行動と対後輩行動を収集し，対先輩行動6尺度，対後輩行動13尺度を作成している（それぞれの尺度から抜粋した項目を**表8.1**，**表8.2**に示す）。さらに，行動同士の関係を調べるため，主成分分析の結果をプロットした図のうち，対後輩行動に関する

表 8.1 対先輩行動 6 尺度の項目例（新井，2004 より抜粋）

親密	礼儀
先輩と個人的に遊びに行ったりする	先輩には失礼のないように接する
先輩と積極的に関わる	先輩には敬語を使う
先輩とは普段から親しくしている	先輩にはきちんとした態度で接する
衝突回避	**参照**
先輩と意見が食い違ったら譲る	人と接する時，先輩のように行動したい
先輩に悪く思われないように本音と違う事を言う	先輩のような指導力を身につけたい
先輩の考えに本心では賛成していなくても，賛成を示す	どうふるまうか決める時，先輩がどうしていたか考えることがある
攻撃	**服従**
先輩の問いかけに応じない事がある	先輩の使い走りをする
先輩に文句を言うことが多い	先輩の荷物を持つ
先輩の悪口を言う事が多い	先輩の仕事を先輩の代わりにする

結果を図 8.1 に示す。対先輩行動についても同様の分析を行い，行動同士の似ているものや反対の性質をもつものをモデル図に整理した結果が図 8.2，図 8.3 である。図 8.2 では対先輩行動が「服従―不服従」と「親和―拒否」の 2 軸を中心とした円環で整理され，図 8.3 では対後輩行動が「支配―非支配」と「親和―拒否」の 2 つの軸で整理されている。さらに，対先輩行動では親和的かつ服従的な行動に「参照」が，対後輩行動では支配的かつ親和的な「支援」行動の中に「指導」が，位置づけられている。

新井・松井（2006）では，先輩に対して親密さや好意を強く感じているほど親和的な行動が多く起きていた。さらに前節で説明した「フォーマル集団」としての性質の強さを測る「集団フォーマル性尺度」（新井，2004 b；表 8.3）を使って対先輩行動との関係を分析した結果，フォーマル集団としての性質が強いほど服従的な行動が起きやすいことが明らかになった。

こうした先輩後輩間行動の特徴を理解するために，部活動・サークル集団以外での対人行動と比較してみることにしよう。

フォーマル集団におけるリーダーシップ（上司から部下への行動）の研究で

8.5 サークル集団内の対人行動の実態

表 8.2 対後輩行動 13 尺度の項目例（新井・松井，2006 より抜粋）

命令・注意	権力行使
後輩に集団での練習をするよう厳しく言う 集団内での後輩のミスや怠惰を注意する 練習や活動について，後輩に命令する	後輩に自分の仕事の肩代わりを要求する 後輩には敬語を使わせる 後輩に自分の命令に従うように要求する
配慮	親交
集団で後輩が気を使わないように配慮する 集団内の作業について，後輩が困っていないか気を配る 集団内のもめごとがあると，まとめ役になる	後輩と一緒にいると落ち着く 後輩と個人的に遊びに行ったりする 後輩と積極的に関わる
指導	計画
集団内ではその後輩の模範となるように行動する 集団内で必要とされる技術が後輩に足りないときは，教える 集団内で守るべき規則について後輩に教える	集団に関する連絡事項を後輩に知らせる 集団の1日の活動計画を知らせる 集団の仕事の段取りやわりふりを決める
模範	助力
後輩とは失礼の無いように接する 後輩といるときは仕事を率先してやる 後輩の目を意識して行動する	後輩の頼みにはすぐに対応する 後輩の作業を肩代わりしてあげる 無意味に思えても後輩の頼みを聞く
回避	攻撃・無視
後輩とは顔を合わせないようにしている 後輩とは集団以外の場所では関わらない 後輩とは集団内でも関わらないようにしている	後輩に嫌がらせをすることがある 後輩の悪口を言うことが多い 後輩の頼みを聞かないことがある
同調・抑制	上下回避
後輩に悪く思われないように本音と違うことを言う 後輩の意見には必ず同調する 後輩には不愉快なことをされても黙っている	後輩から「先輩らしくしてほしい」という期待をされると困る 後輩に敬語を使わなくていいといったりする 後輩に上からものを言わないように気をつけている
受容	
会話の内容は後輩に合わせる 後輩に話し掛けられたら必ず反応を返す 後輩の批判をしない	

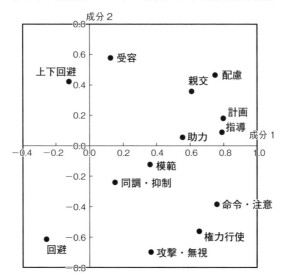

図8.1 対後輩行動の主成分分析結果のプロット図（新井，2004）

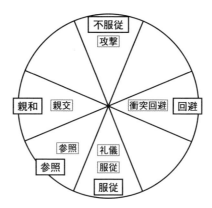

図8.2 対先輩行動の円環モデル（新井・松井，2006）
□は各行動側面，■はまとめられた行動群の解釈を示す。

は，命令や注意などの集団目的の達成を志向した行動パターンと，部下に配慮するなどの関係維持的な行動の2つが，とくに重要な2次元であることが見出されている（三隅，1984など）。この2次元は，図8.3に照合すると対後輩行動の「支配」と「親和」にあてはまると考えられる。つまり，支配的な行動は

8.5 サークル集団内の対人行動の実態

図 8.3 対後輩行動の円環モデル（新井，2004）
☐ は各行動側面，▢ はまとめられた行動群の解釈を示す。

表 8.3 集団フォーマル性尺度の項目（新井，2004 b）

その集団には，組織としての明確な目的がある
その集団のメンバー全員に，それぞれの役割が決まっている
私がその集団に入った時，私の役割ははじめから決まっていた
その集団には，明確な地位構造ができている
その集団での規則は，明文化されている
その集団のメンバーには，決められた仕事をする事が義務づけられている
その集団では，どの仕事が誰の責任であるかが明確である
メンバーがそれぞれ，組織の目標を達成しようとしている
メンバーは，その集団を自由にやめたり加入したりできない
その集団には，はっきりとした命令系統がある

集団目標の達成のための機能を有しており，親和的な行動が集団内の対人関係の維持機能を有していることを示唆している。

親からの子どもに対する養育態度に関する研究をまとめた松井（1982）は，日本国内の複数の研究で一貫して「受容―拒否」と「統制―放任」の軸が表れていることを指摘し，アメリカでの研究結果（Symonds, 1939）の結果（acceptance-rejection と dominance-submission の 2 軸）に一致していることを指摘している。

対人的欲求の理論をもとに，相手との関係を特定しない対人行動を整理した

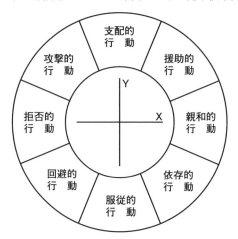

図 8.4　対人行動の円環図式 (齊藤，1990 を元に作成)

齊藤（1990）の理論においても，対人行動は「親和─拒否」と「支配─服従」の 2 軸で整理されている（**図 8.4**）。

　松井（2010）は，年齢や地位関係によって上下関係があると支配─服従の軸に当てはまる行動が生起しやすく，友人や恋人などの関係では受容─拒否の軸の行動が生起しやすいと考察している。先に紹介した新井・松井（2006）における，集団フォーマル性が高いほど「服従」が起きやすいという結果や，好意的であるほど「親和」が起きやすいという結果も，この松井（2010）の考察に整合している。ただし，対先輩行動は**図 8.2** の通り「支配」の対極は「非支配」であり，対後輩行動は**図 8.3** の通り「服従」の対極は「不服従」に留まるという特徴がある。つまり，先輩後輩間の行動は，一般的な対人行動に比べると集団の枠組みによるゆるやかな縛りがある，と考えられる。

　これをふまえて「なぜ先輩後輩関係があるのか」と「どう振る舞ったらいいのか」に戻ろう。リーダーシップ研究をふまえれば，先輩の「支配」行動が集団目標を達成する機能をもつのと同様に，後輩の「服従」行動にも，集団の目標を効率的に達成するための縦の分業制度に似たところがあるといえよう。また，対後輩行動の「指導」と対先輩行動の「参照」，つまり「指導─参照」関係もまた，経験の豊富な先輩が後輩を育てるという機能であり，先輩後輩関係

の意義といえる。これら2つの側面は，先輩後輩関係という上下関係が部活動・サークル集団に存在している合理的な理由と考えられる。

集団の目的がはっきりしていて，これを達成したいという認識が皆に共有されている集団では「支配」や「指導」も受け入れられるが，後輩が集団目標の達成を求めていない集団で先輩風を吹かせれば，疎まれることになってしまうだろう。

8.6 部活動・サークル集団における先輩後輩関係の公正性の認知

部活動・サークル集団の先輩後輩関係は，行動だけでなく物事の考え方つまり認知にも特有のとらえ方をされることが明らかになっている。

結城・山口（Yuki & Yamaguchi, 1996；結城・山口，1995, 1996）は，後輩が先輩に対して過大な貢献を要求される集団において，集団が存続していくという予期が，将来後輩が報われるという予期を引き起こし，年功序列規範を公正と判断することを明らかにしている。

一般に人は，ある人が他者に一方的に服従している関係を不公平だと感じるものであるが，部活動やサークル集団においては，集団が続いていくことでいずれ後輩が報われるのであれば，厳しい先輩後輩関係も公正と判断するのである。

この研究知見は，部活動・サークル集団という場が，公正か否かという判断にも，特殊な影響をもたらしている証拠である。さらにいえば，いったん厳しくされた後輩は，「自分が先輩側になったとき，後輩を支配する側に回らなければ割に合わない」と考えることが予測される。したがって，上下関係の厳しさ（集団フォーマル性）が，集団目的の達成という合理的な理由だけで集団に残っているわけではなく，「自分がされたから，自分もしなければ」という自分自身の公正を求める気持ちから，集団に起きている可能性を示唆している。

8.7 まとめ

それでは最後に，冒頭に提示した疑問について整理していこう。

「なぜ部活動やサークル集団に入るのか」という疑問について，本人たちの意識としては，8.2でまとめたように，「活動内容」「人間関係」「緩さ」の大きく3点に整理できる。さらに，8.4でまとめた部活動やサークル集団の性質によって，8.3で述べた通り集団内での役割に基づいた活動の経験を通して成長できるという側面をもっている。

「なぜ先輩後輩関係はあるのか」という問いに関しては，以下の3点にまとめられる。第1に，フォーマル集団と同様に上下関係を作って命令系統を作り，集団目的を遂行しやすくするためという集団の機能を高める側面である。第2に，先輩から後輩へ指導を行い，後輩が先輩を参照することで，ノウハウを継承し後輩が習熟するためという個人の成長に関わる側面である。第3として，先輩から厳しくされたから自分も後輩に厳しくしないと不公平だという公正性を求める欲求から維持されているという側面である。

「先輩後輩関係ではどのように振る舞ったらよいのか」については，「自分がされたから自分も厳しくしている」とか「そういうものと決まっているから」という理由で厳しい振る舞いしている部分があるとしたら，うまくいかないだろう。集団目的のための役割分けをしたほうがよいとお互いに考えているか，あるいは，「先輩は教え，後輩は教わる関係」をお互いが求めているかどうかしっかり確認しながら関わっていければ，先輩後輩関係はうまくまわっていくだろう。

コラム3　上司による部下育成行動　　　　　　　　　（毛呂准子）

　働く人は仕事を通して成長する。働く人の成長なくして，その組織の成長はない。では，企業組織において人材はどのように育成されるのであろうか。また，部下を育成するために上司はどのような行動をとるのであろうか。

　企業組織における人材育成は，通常の業務の中での実地による教育訓練（On the Job Training；**OJT**）と，職場を離れて行われる研修などの職場外訓練（Off-the-Job-Training；**Off JT**）とに分類される。人材育成に関連する調査によれば，企業は，人材育成を重要な経営課題（労働政策研究・研修機構，2007）と，また，OJTを第1の育成方法（労働政策研究・研修機構，2011）と認識していた。上司である中間管理職も，求められる役割（複数回答）に対し，「部下・後輩の育成」を第1位に回答していた（日本経営協会，2011）。これらの調査結果から，企業組織における人材育成を促進するためには，職場における直属上司による部下育成に注目する必要があると考えられる。

　部下育成に関連する概念では，**メンタリング**と**リーダーシップ**がよく知られている。メンタリングは，知識や経験が豊かな人々が未熟な人々のキャリア形成と心理・社会的側面に対して一定期間継続して支援を行うこと（久村，1999）と定義され，先輩や元上司などの，直属上司以外も含めた，経験豊かな支援者による行動である。リーダーシップは集団目標の達成に向けてなされる集団の諸活動に影響を与える過程（Stogdill, 1974；山口，2004）と定義され，リーダーシップの目的は部下の育成ではなく，集団の目標達成である。

　部下育成そのものに焦点を絞った研究（毛呂，2010）によれば，上司による部下育成行動は，「共感的態度」，「肯定的個別関与」，「快適環境創出」，「挑戦的成長促進」，「展望・意味づけ」，「役割モデル提示」，「仕事の委任」の7側面で構成される。7側面のおもな行動は**表③.1**の通りである。では，どのような要因が上司による部下育成行動に影響を与えるのだろうか。同研究によれば，上司個人の特性では，上司自身のキャリアに対する関心や仕事に対するコミットメントにより部下育成行動は促進され，部下が自分より優秀であるなど，部下に対して脅威感を抱いていると部下育成行動は抑制される。組織の制度では，部下育成を評価する制度や上司部下間で行う部下のキャリアに関する面談制度によって上司の部下育成行動を促進される。

表③.1 部下育成行動の7側面とおもな行動 （毛呂, 2010より作成）

側面	おもな行動
共感的態度	部下に対して聞き役に徹している
	部下の立場に立って話をしている
肯定的個別関与	部下を褒める
	部下の問いかけにはなるべく肯定的な反応をする
快適環境創出	職場に意見の言える雰囲気を作る
	職場をオープンな雰囲気にするよう心がけている
挑戦的成長促進	適度なストレスとなる難易度の仕事を与える
	新しい仕事に挑戦させる
展望・意味づけ	担当している仕事について，その意義や意味を伝えている
	担当している仕事で学べること，身につくことを伝えている
役割モデル提示	会社の方向性に沿う仕事をして，その姿を部下に見せる
	部下の手本となるように心がけている
仕事の委任	部下にいったん指示したら，その後は部下に任せる
	部下に対し細かい指示は出さない

　上記の影響要因を活用すれば，企業全体で上司による部下育成行動を促進することができる。上司を対象にキャリアに対する関心や仕事に対するコミットメントを高める研修の実施が有効であろう。制度では，部下の育成を評価する人事制度や上司部下間のキャリア面談制度の導入が有効であろう。

　部下は上司を選べない。部下育成が上司個人の哲学や上司と部下の相性によって語られてはならない。これらの制度を活用し，企業組織のいずれの職場においても部下の育成が促進されることを期待したい。

第9章
ボトムアップ研究から
対人関係を読み解く

畑中美穂

　本章では，本書の最終章として，これまで取り上げてきたトピックを概観しつつ，本書で焦点を当てているボトムアップ研究の特徴や，取り組む際の留意点についてまとめる。

9.1　本書の概観——対人関係というテーマ

　本書『対人関係を読み解く心理学』では，ここまでにおいて，8つの章と3つのコラムを通して対人関係や対人行動に関わる11のトピックを取り上げ，心理学的な研究動向を説明しつつ，当該研究分野において各執筆者が行ってきたボトムアップ・アプローチによる研究を紹介してきた。本書で取り上げたトピックは，日々の暮らしの中で接する他者とのさまざまな関係性（友人関係［第1章］，恋愛関係［第4〜6章］，先輩・後輩関係［第8章］，上司・部下関係［コラム3］），他者との関わりの中でとられるさまざまな行動（自己開示［第3章］，ゆるし［コラム1］，援助行動［コラム2］，集団への所属［第7章］），そして，他者に対して適切に振る舞い，良好な関係を築いて維持するためのスキル（対人スキル［第2章］，恋愛スキル［第6章］）の3つにまとめられる。社会生活を営む上で，誰かと関係を結び，その中でさまざまなやりとりをすること，また，適切に振る舞ってうまく人づきあいをしたいと考えること

は，誰もがよく経験する。

　こうした非常に身近な事柄は，私たちにとって当たり前ととらえられてしまいやすく，とくに意識に留められることも，振り返って考えられることもない場合が多い。また，身近でよく経験される事柄であり，みながそれぞれの経験則をもっているために，研究しなくてもすでに分かりきったことととらえられてしまったり，小さなことで研究するまでもない，研究テーマにならないと思われてしまったりすることも多い。さらに，「人それぞれ」「ケース・バイ・ケース」とみなされ，全体傾向や法則性を考えることに抵抗を示されたりもする。

　つまり，他者との関わりにまつわる身近でささやかな事柄の中には，まだ研究されていないことや，明らかになっていないことが多くあっても，見逃されやすく，研究対象として取り上げられにくい傾向にある。しかし，身近なことであるからこそ，私たちがよく躓いたり，悩んだりすることでもあり，研究を通して明らかにしていくことが重要かつ有用にもなる。本書でも取り上げている「人とうまくつきあうために，自分の意見をどう主張するのが適切か？」「恋愛関係の開始や維持に何が必要か？」といった問いに対して，経験に基づくアドバイスももちろん役に立つが，データに基づく学術的知見は物事を客観的にとらえる手助けとなり，思いもつかなかった新たな視点を提供してくれる可能性がある。また，普段は当たり前のこととしてよく考えていないことであっても，改めてとらえ直すと，私たちの興味や関心がかき立てられたり，面白さや不思議さに気づかされたりすることもある。「生活の中の小さなことから生まれた素朴な疑問を大切にすること」，これが対人関係や対人行動といった身近なトピックを研究する最初の一歩となる。

9.2　トップダウン・アプローチとボトムアップ・アプローチ

　研究を進めるアプローチは，研究立案の流れによって2つに大別できる。一つは既存の研究や理論に依拠して，理論内の残された問題や追試したいテーマを研究対象に仮説を構築していくもので，ここでは**トップダウン・アプローチ**と呼ぶ。もう一つは，本書で焦点を当てている**ボトムアップ・アプローチ**であ

り，身近な経験や現象に関する素朴な疑問を出発点として，問いを精錬させながら研究へとつなげていく．それぞれの流れは図 9.1，図 9.2 に示しているが，以下で詳しく説明する．

図 9.1 に示したトップダウン・アプローチでは，既存の理論や先行研究が研究計画の出発点あるいは土台となる．身近な現象に対する疑問が最初に存在する場合もあり得るが，疑問を追究するというよりも，疑問に関連する理論や先行研究を探してレビューをし，先行研究の中で追試したいテーマを探したり，指摘されている課題や研究間の矛盾点など理論内に残された問題を同定して仮説を導出する．研究実施後は，収集されたデータをもとに研究仮説の支持あるいは不支持の結果を既存の理論に照らし合わせて理解していく．これにより，先行する知見の確認や錯綜している知見の整理，あるいは既存理論の修正やさらなる精緻化の可能性が開かれる．すなわち，トップダウン・アプローチには，依拠する理論が存在し，研究枠組みが明確であり，既存研究の展開に直接貢献しうるという特徴がある．また，注目されている理論や先行研究が土台にされることが多いため，多くの研究者が同時に同様のトピックを検討していることも多く，研究に対する注目や評価が得やすいという特徴もある．

一方，図 9.2 に示したボトムアップ・アプローチでは，身近な経験や現象に関する素朴な疑問を出発点として研究計画を練り上げていく．関連する先行研究の検討も綿密に行うが，既存の理論は土台にするのではなく，現象への視点を広げる手段として用いる．また，先行研究の検討だけでなく，インタビューや観察などを通して問いを整理し，独自の仮説を構築していく．研究実施後は，収集されたデータによって現象を記述して可視化する．研究仮説が支持されるかどうかについて検討も行うが，結果から何がいえるか，複数のデータの指し示す方向を丹念に探ることがより重要となる．これにより，検証されていなかった常識が検証されたり，当たり前と考えられてきたことや直感に反する意外な真実が発見されたりする．すなわち，ボトムアップ・アプローチは，既存の研究を土台や枠組みとしては用いずに，独自の問いを追究し，現象を整理する新たな視点の提示を目指す．独自の着眼点に基づくオリジナリティの高い研究となり得ることや，丹念な分析とデータの読み取りがより求められるという特

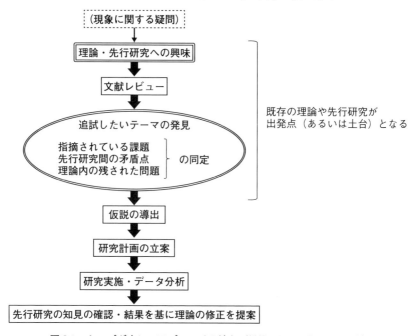

図9.1　トップダウン・アプローチの流れ（松井，2004をもとに作成）

徴がある。また，ボトムアップ・アプローチにより複数の研究を重ねていくと，データから読み解けることが増え，新しい独自のモデルや理論を構築する可能性も開ける。

　これら2つのアプローチは，研究知見を蓄積し，整理・展開するための両輪となっており，どちらかが他方よりも優れているというものではない。既存の重要な理論の修正や展開にはトップダウン・アプローチが不可欠であり，また，新しい問題や現象を研究対象とするときや，これまで検討されてきた事柄に対して新たな視点によるとらえ直しをするときにはボトムアップ・アプローチが有効である。対人関係や対人行動といった身近でささやかな事柄には，検証されていない常識や見過ごされてきた現象が多くあり，それらに対しては，新しい知見や視点を提示し得るボトムアップ・アプローチが適している。

　とはいえ，何らかの現象に対して疑問を抱いても，その疑問が既存の理論や研究で扱われていないと，「研究しても意味がないのではないか」「研究テーマ

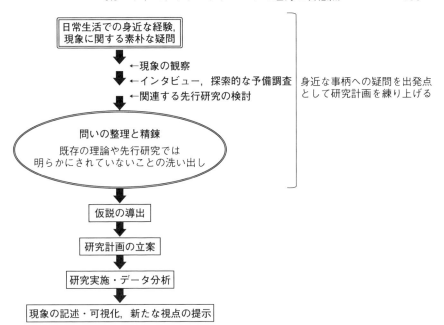

図 9.2　ボトムアップ・アプローチの流れ（松井，2004 をもとに作成）

にならないのではないか」といった不安を感じてしまいやすい。また，既存の理論を土台にするほうが道筋が明確で迷うことも少ない。そのため，結果的に自分の抱いた疑問を一から探究し続けるボトムアップ・アプローチよりも，比較的類似した既存の研究や理論に依拠したトップダウン・アプローチによる研究がなされやすい傾向にある。これは，ボトムアップ・アプローチの面白さと留意点がよく把握されていないことも一因となっていると考えられる。そこで，次節では，ボトムアップ・アプローチに特化して，その魅力に触れながら，どのようなことを心がける必要があるかをみていく。

9.3　ボトムアップ・アプローチの魅力と留意点

　ボトムアップ・アプローチの最大の魅力の一つは，自分のアイディアや関心を出発点に研究を進めていく点にある。身近な事柄の中にも，不思議なことや

検証されていない常識（だと思われていること）がたくさんあり，そうした身の回りのささやかなことを大切にしながら研究をすることは純粋に面白く楽しい。また，研究対象に独自の着眼点で切りこむことは，「誰もやっていないことをやっている」という楽しさをももたらす。ただし，それは同時に，研究の価値に対する不安や，なかなか評価がついてこないという状態も伴い得る。ボトムアップ・アプローチで研究を進めるには，面白さや楽しさをモチベーションにつなげていくこと，また，迷いが生じても，「10年間，同じテーマで頑張る」くらいの気持ちで焦らず着実に研究を重ねていくことが必要となる（松井, 2004）。

　一からデータを作り，読み解くおもしろさも，ボトムアップ・アプローチの魅力の一つである。研究文脈や理論ありきでないため，自らのデータによって道を切り開いていくことになる。厳密な方法で丹念にデータを読み取る力が問われ，分析手法をよく知らなければ読み取りが甘くなったり，発想が制限されてしまうため，できる限り多くの手法を学び，習得している必要がある。

　ボトムアップ・アプローチによる研究では，当たり前だと思われていたことが当たり前ではなかったり，多くの人の直感や経験則とは異なるような意外な結果が見出されることもあり，これもまた魅力の一つである。もちろん，当たり前に思える結果が得られたり，「検討するまでもなかったのではないか」という評価をされたりすることもある。しかし，たとえ当たり前と感じられる結果であっても，現象の確認と実証という観点では意味のある大事な結果であることを理解しておく必要がある。

　ボトムアップ・アプローチにより複数の研究を行った後には，複数のデータが一貫して指し示すことを読み解き，それらを基にモデルや理論を組み上げる醍醐味もある。複数のデータを重ねていく粘り強さと，データを統合的に解釈し，モデル化していく力が必要となる。そして，自身のデータを基にモデルを作った後は，構築されたモデルや理論を検証するという展開が待っている。誰かが作ったものではなく，一から自分で作ってきた理論やモデルを検証する過程まで到達するには，楽しさばかりではなく大変さもついてまわるが，これがボトムアップ・アプローチの最終目標といえる。

コラム4　ボトムアップ・アプローチで恋愛研究をしてきて　　（松井　豊）

本コラムでは，本章で議論されているボトムアップ・アプローチについて，恋愛研究を例にとって補足説明をしたい。

1970年代までの国内の恋愛研究は，青年心理学における文学分析や手記分析が主流であった。1980年代以降は，社会心理学において質問紙調査を用いた研究が増加し，2010年代でも実証研究が発表され続けている（立脇・松井，2014；図④.1）。

しかし，恋愛研究は多くの制約を受けてきた。その制約の一つは同業者である心理学者からの冷ややかな目であった。「恋で起こる不思議な現象は，心の内側にしまっておくべきことだから，研究対象にすべきではない」などの批判を受けることもあった（松井，1998）。恋愛研究は，本章で指摘されている「全体傾向や法則性を考えることに抵抗を示される」ケースになっていたのである。

そうした冷ややかな目を感じながらも，筆者は大学生の恋愛は5段階に分けてとらえられるという「恋愛行動の5段階説」（松井，1990），恋愛の初期には女性のほうが相手にコミットしないという「恋愛におけるコミットの性差仮説」（松井，1993），1995年前後に高校生活を送った世代は恋愛や性行動が活発であるという「性行動のコホート説」（松井，2016）などの理論化を試みてきた。また，恋愛の類型別にみると，日米共に，女性は慎重に相手を選ぶ類型（プラグマ）が多いのに対して，アメリカの男性はプレイボーイ的な類型（ルダス）が多く，日本の男性は相手に尽

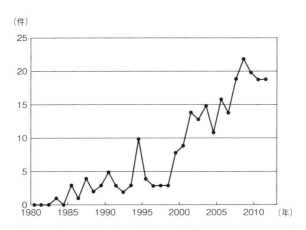

図④.1　日本の恋愛研究の発表状況の変化（立脇・松井，2014）

くす類型（アガペ）が多いという，恋愛類型の文化差も発見してきた（松井, 2016）。

これらの説や知見は，既存の理論からトップダウンに導出されたものではなく，細かなデータ解析の中からボトムアップで見つけ出した結果である。たとえば，恋愛の5段階説は恋愛行動を数量化理論第Ⅲ類（松井・髙本，2018）によって解析した結果，発見できた知見であり，本章で指摘されているボトムアップ研究では「できる限り多くの手法を学び，習得している必要」を裏付けている。

また，上記の文化差は，本章で指摘されている「研究しなくてもすでにわかりきったこととととらえられて」いることを検証し直すことも，重要な研究活動であることを示している。

しかし，恋愛研究においては，本章で指摘されている「なかなか評価がついてこない」という問題が今も残っている。2012年に開催された学会のシンポジウム（若尾他，2012）において，ボトムアップ的な恋愛研究を精力的に展開してきた中堅の研究者たちが，周囲の研究者からの「冷ややかな目」が未だにあり，現象を切り取ったボトムアップ的な研究が学会誌などで受容されにくい現状を感じていた。実際に，国内の恋愛研究をレビューしてみると（立脇・松井，2014），アメリカの理論に基づく研究や高度な統計手法を用いた研究は学会誌に多く掲載されていたが，現象記述からスタートしたボトムアップ的研究は大学紀要レベルの論文が多かった。これらからも心理学の領域において，ボトムアップ研究が正当に評価されていない現状が感じられた。

本書の公刊をとおして，ボトムアップ研究が心理学において正当な評価を得られるように変化してほしいと願っている。

ボトムアップ・アプローチによる研究を複数積み重ねた後に，構築されたモデルや理論の検証が行われるということは，ボトムアップ・アプローチの最終段階に，トップダウン・アプローチが位置づくというようにもとらえられる。両者は対立するものではなく，一連の研究の異なる過程で必要となるアプローチなのである。そう考えれば，研究対象とする現象を一から見定めてボトムアップ・アプローチによってデータを収集していく行為は，同じトピックについて複数のデータを重ね，モデルを構築し，最終的にモデル検証を繰り返していくという長く続く一連の研究の最初の一歩から自分で踏み出す試みといえる。素朴な疑問を基にデータをとり，データを分析する面白さを味わい，積み重ねたデータが示すものを苦労しながら読み解き，新しい独自の理論やモデルを作り出し検証していく。その過程の楽しさや面白さと，うまく進むためのヒントやさまざまな可能性を本書の各章とコラムから読み取ってもらえていたら幸いである。

9.4 終章の最後に——ボトムアップ研究を進めるときに後押ししてくれた言葉

ここまで述べてきたように，ボトムアップ・アプローチによる研究は，楽しさと面白さも大きい反面，自分のやっていることに意味があるのかが分からなくなってしまったり，進む方向を見失ってしまったりすることも多い。自分の着眼点やアイディアを大事にしたり，自分が面白いと思うものに自信をもつことは，自分一人だけでは難しいことがある。そんなときは，是非，「面白がって聞いてくれる良い聞き手」を探してほしい。たくさんうなずいて，興味や驚きを示しながら聞いてくれる人に話すと自然と自信が湧いてくる。聞いてくれない人やケチをつける人にはわざわざ話さなくても良い。これは，研究テーマがなかなか決められないときに，指導教員であった松井　豊先生（本書の監修者）から教えていただいたことだ。

松井研究室では，ボトムアップ・アプローチによって素朴な疑問を研究していく者が多く，松井先生からは，ボトムアップ研究を進めていくときに背中を押してくれたり，心強く感じさせてくれるたくさんの言葉をかけていただいて

きた。そのいくつかをここに記したい。

「データ分析にじっくり時間をかけて，丁寧に読み解いていけば，データが訴えるメッセージがきっと見えてくる」

「これまでに見出されていたことと類似した結果が得られることにも，これまで見出されていたこととは違う結果が得られることにも，どちらにも非常に重要な意味がある」

「流行っている理論の追試は，自分がやらなくても誰かがきっとやる」

「誰かが作った理論を検証するのもいいけど，自分のデータをもとにモデルを作っていくのはもっと楽しい」

「役に立つかどうかは後で考えればいい，面白がってくれる人が絶対にいる」

最後に，この本の執筆をしながら，何度も思い出した研究室でのやりとりも書いておきたい。

私が大学院生の頃に，他の研究室の先輩からこんな質問を受けた。

「松井研の学生の研究は，どの分野の研究かわからないものが多いけど，たとえば，きみたちの研究は教科書のどの部分にあてはまるの？　どんな本に載ってるの？」

私がドギマギして，どう答えたらいいか分からなくなっていたところに，私の隣にいた松井研の友人が，

「僕らの研究が，これから，いつか，教科書に載ったり，本に載ったりするように頑張ります」

と答えていた。後からその話を聞いた松井先生は，「今，教科書や本にないテーマは，新しいことをやろうとしているから。頑張って研究しよう」と話してくださった。

そして，それから20年ほどが過ぎ，松井研に関わるみんなで実際に本書の原稿を執筆する機会を得たことを，とても感慨深く感じている。

おわりに

　本書は，監修者である松井　豊先生の定年による筑波大学のご退職を機に企画された。本書の執筆者たちは，筑波大学大学院博士課程において，博士論文の作成に向けて松井　豊先生のご指導を受けた者たち，また現在まさにご指導を受けている者たち，さらに，筑波大学とは異なる大学・大学院に在籍している際に松井先生にお世話になった者たちである。本書で扱った研究テーマをご覧いただければ分かるように，執筆者たちは，それぞれの素朴な関心や疑問から出発し，さまざまなテーマで博士論文を作成した。松井先生はその関心や疑問を遮ることなく，先行研究の知見や理論を幅広く，深く理解することの重要性とともに，ボトムアップ式に追究し，新たな理論を打ち立てていく方法を丁寧にご指導くださった。その結果，現在も院生である者たち以外の執筆者は博士号の取得まで至った。本書に執筆された内容は，その博士論文を構成する研究のプロセスを紹介したもの，あるいはボトムアップ式のアプローチのもと，各執筆者が大学院修了後に新たに展開させてきた研究の内容を紹介したものとなっている。これらの研究プロセスをご覧いただくことによって，新たに心理学の研究に取り組む方々が，どのように研究を展開させていけばよいかのアイデアを得ていただければ幸いである。

　最後になったが，現象に対してボトムアップ式に研究していくことの意義を理解してくださり，企画から出版までご支援くださったサイエンス社の清水匡太氏に心よりお礼を申し上げる。

編者　宇井美代子・畑中美穂・髙橋尚也

引用文献

第1章

Altman, I., & Taylor, D. A. (1973). *Social penetration*. New York ; Holt, Rinehat, and Winston.

Bellak, L. (1970). *The porcupine dilemma : Reflections on the human condition*. NY : Citadal Press.
(ベラック, L. 小此木啓吾 (訳) (1974). 山アラシのジレンマ――人間的過疎をどう生きるか―― ダイヤモンド社)

シンデレラ総研 (2017). JK 1,000人アンケート「JKの友達編」 2017年8月版

Connidis, I. A., & Davis, L. (1992). Confidants and companions : Choices in later life. *The Journal of Gerontology*, **47**, 115-122.

Davis, K. E. (1985). Near and dear : Friendship and love compared. *Psychology Today*, **19**, 22-30.

Duck, S. (1991). *Friends, for life : The psychology of personal relationships*. Brighton : Harvester Press.
(ダック, S. 仁平義明 (訳) (1995). フレンズ――スキル社会の人間関係学―― 福村出版)

Freud, S. (1921). *Massenpsychologie und Ich-Analyse*.
(フロイト, S. 井村恒郎 (訳) (1970). 集団心理学と自我の分析 フロイド選集4 日本教文社)

藤井恭子 (2001). 青年期の友人関係における山アラシ・ジレンマの分析 教育心理学研究, **49**, 146-155.

藤崎宏子 (1998). 高齢者・家族・社会的ネットワーク 培風館

福岡欣治・橋本 宰 (1997). 大学生と成人における家族と友人の知覚されたソーシャル・サポートとそのストレス緩和効果 心理学研究, **68**, 403-409.

Kahn, R. L., & Antonucci, T. R. (1980). Conveys over the life course : Attachment, roles and social support. *Life Span Development and Behavior*, **13**, 253-286.

La Gaipa, J. J. (1977). Testing a multidimensional approach to friendship. In S. Duck (Ed.), *Theory and practice in interpersonal attraction* (pp.249-270). Academic Press.

Litwak, E. (1985). *Helping the elderly : The complementary roles of informal networks and formal systems*. NY : Guilford Press.

松井 豊 (1990). 友人関係の機能 斎藤耕二・菊池章夫 (編著) 社会化の心理学ハンドブック――人間形成と社会と文化―― (pp.283-296) 川島書店

宮木由貴子 (2013). 若年層の友人関係意識――通信環境の変化と友人関係で変わったもの・変わらないもの―― ライフデザインレポート 2013.1.winter (pp.4-15) 第一生命経済研究所

永田良昭 (1989). 仲間関係の変貌 教育心理, **37** (3), 12-15.

内閣府 (2005). 月刊世論調査国民生活に関する世論調査 (平成15年6月)

内閣府 (2009). 第8回世界青年意識調査

内閣府 (2014). 平成25年度我が国と諸外国の若者の意識に関する調査

中野綾子・永江誠司 (1996). 青年期における孤独感及び孤独感の受容と精神的健康 福岡教育大学紀要, **45**, 309-321.

成田健一 (2001). General Health Questionaire 12項目版の多次元性を探る 東京学芸大学

紀要第1部門　教育科学, **52**, 115-127.
岡田　努（1992）．友人とかかわる　松井　豊（編）対人心理学の最前線（pp.22-29）サイエンス社
岡田　努（1993）．青年期における友人関係に関する考察　青年心理学研究, **5**, 43-55.
岡田　努（1995）．現代大学生の友人関係と自己像・友人像に関する考察　教育心理学研究, **43**, 354-363.
岡田　努（2002）．現代大学生の「ふれ合い恐怖的心性」と友人関係の関連についての考察　性格心理学研究, **10**, 69-84.
岡田　努（2007）．大学生における友人関係の類型と，適応及び自己の諸側面の発達の関連について　パーソナリティ研究, **15**, 135-148.
小此木啓吾（1978）．モラトリアム人間の時代　中央公論社
奥田秀宇（1996）．生物的・社会的・心理学的視座から見た対人関係　大坊郁夫・奥田秀宇（編）親密な対人関係の科学（pp.3-21）誠信書房
大野　久（1984）．現代青年の充実感に関する一研究——現代日本青年の心情モデルについての検討——　教育心理学研究, **32**, 12-21.
Schopenhauer, A.（1851）. *Pererga und Paralipomena : Klein philosophische Schnften*. Zweiter Band.
　（ショーペンハウエル，A.　秋山英夫（訳）（1973）．比喩，たとえ話，寓話　ショーペンハウアー全集14　白水社）
関　峋一（1999）．成人期，その生と性　関　峋一（編）成人期の人間関係（pp.125-157）培風館
下斗米　淳（1990）．対人関係の親密化に伴う自己開示と類似・異質性認知の変化　学習院大学文学部研究年報, **37**, 268-287.
下斗米　淳（2000）．友人関係の親密化過程における満足・不満足感及び葛藤の顕在化に関する研究——役割期待と遂行とのズレからの検討——　実験社会心理学研究, **40**, 1-15.
鈴木有美（2002）．自尊感情と主観的ウェルビーイングからみた大学生の精神的健康——共感性およびストレス対処との関連——　名古屋大学大学院教育発達科学研究科紀要（心理発達科学）, **49**, 145-155.
高倉　実・新屋信雄・平良一彦（1995）．大学生の Quality of Life と精神的健康について——生活満足度尺度の作成——　学校保健研究, **37**, 414-422.
丹野宏昭（2007）．友人との接触頻度別にみた大学生の友人関係機能　パーソナリティ研究, **16**, 110-113.
丹野宏昭（2009）．青年期と老年期における友人関係と適応との関連　平成20年度筑波大学大学院博士論文
丹野宏昭・松井　豊（2006）．大学生における友人関係機能の探索的検討　筑波大学心理学研究, **32**, 21-30.
丹野宏昭・下斗米　淳・松井　豊（2005）．親密化過程における自己開示機能の探索的検討——自己開示に対する願望・義務感の分析から——　対人社会心理学研究, **5**, 67-75.
遠矢幸子（1996）．友人関係の特性と展開　大坊郁夫・奥田秀宇（編）親密な対人関係の科学（pp.89-116）誠信書房
和田　実（1993）．同性友人関係——その性および性役割タイプによる差異——　社会心理学研究, **8**, 67-75.
和田　実（2001）．性・物理的距離が新旧の同性友人関係に及ぼす影響　心理学研究, **72**, 186-194.

第2章

相川　充（1995）．人間関係のスキルと訓練　高橋正臣（監修）秋山俊夫・鶴　元春・上野徳美（編著）人間関係の心理と臨床（pp.68-80）　北大路書房

相川　充（2009）．新版 人づきあいの技術——ソーシャルスキルの心理学——　サイエンス社

相川　充・藤田正美・田中健吾（2007）．ソーシャルスキル不足と抑うつ・孤独感・対人不安の関連——脆弱性モデルの再検討——　社会心理学研究，**23**, 95-103.

Ames, D.（2009）. Pushing up to a point : Assertiveness and effectiveness in leadership and interpersonal sdynamics. *Research in Organizational Behavior*, **29**, 111-133.

Ames, D., & Flynn, F. J.（2007）. What breaks a leader : The curvilinear relation between assertiveness. *Journal of Personality and Social Psychology*, **92**, 307-324.

Argyle, M.（1967）. *The psychology of interpersonal behavior*. London : Penguin Books.
（アージル，M. 辻　正三・中村陽吉（訳）（1972）．対人行動の心理　誠信書房）

Argyle, M., & Henderson, M.（1985）. *The anatomy of relationship : And the rules and skills needed to manage them successfully*. London : Penguin Books.
（アーガイル，M.・ヘンダーソン，M. 吉森　護（編訳）（1992）．人間関係のルールとスキル　北大路書房）

文化庁（2017）．平成28年度「国語に関する世論調査」の結果の概要
〈http://www.bunka.go.jp/tokei_hakusho_shuppan/tokeichosa/kokugo_yoronchosa/pdf/h28_chosa_kekka.pdf〉（2018.04.03 閲覧）

藤本　学（2013）．コミュニケーションスキルの実践的研究に向けたENDCOREモデルの実証的・概念的検討　パーソナリティ研究，**22**, 156-167.

藤本　学・大坊郁夫（2007）．コミュニケーションスキルに関する諸因子の階層構造への統合の試み　パーソナリティ研究，**15**, 347-361.

Goldstein, A. P., Sprafkin, R. P., Gershaw, N. J., & Klein, P.（1980）. *Skill-streaming the adolescent : A structured learning approach to teaching prosocial skills*. Illinois : Research Press.

Hargie, O.（2006）. Skills in theory : Communication as skilled performance. In O. Hargie（Ed.）, *The handbook of communication skills*（3rd ed., pp.7-36）. London : Routledge.

Hargie, O.（2017）. *Skilled interpersonal communication : Research, theory and practice*（6th ed., pp.15-40）. NewYork : Routledge.

平木典子（2009）．改訂版アサーション・トレーニング——さわやかな〈自己表現〉のために——　金子書房

石井祐可子（2006）．社会的スキル研究の現況と課題——「メタ・ソーシャルスキル」概念の構築へ向けて——　京都大学大学院教育学研究科紀要，**52**, 347-359.

Kammrath, L. K., McCarthy, M. H., Cortes, K., & Friesen, C.（2015）. Picking one's battles : How assertiveness and unassertiveness abilities are associated with extraversion and agreeableness. *Social Psychological and Personality Science*, **6**, 622-629.

菊池章夫（1988）．思いやりを科学する　川島書店

菊池章夫（2007）．社会的スキルを測る——KiSS-18ハンドブック——　川島書店

菊池章夫・堀毛一也（1994）．社会的スキルの心理学——100のリストとその理論——　川島書店

Lazarus, R. S., & Folkman, S.（1984）. *Stress, appraisal, and coping*. NY : Springer Publishing.
（ラザルス，R. S.・フォルクマン，S. 本明　寛・春木　豊・織田正美（監訳）（1991）．

ストレスの心理学——認知的評価と対処の研究—— 実務教育出版)
Lewinsohn, P. M., Munoz, R. F., Youngren, M., & Zeiss, A. M. (1993). *Control your depression* (rev. ed.). NY: Simon and Schuster.
(レウィンソン, P. M.・ムーニョ, R. F.・ヤングレン, M.・ツァイス, A. M. 大原健士郎(監修)熊谷久代(訳)(1993). うつのセルフ・コントロール 創元社)
Merrell, K. W., & Gimpel, G. A. (1998). *Social skills of children and adolescents: Conceptualization, assessment, treatment*. Mahwah, NJ: Lawrence Erlbaum Associate.
Nelson-Jones, R. (1990). *Human relationship skills: Training and self-help* (2nd ed.). London: Cassel.
(ネルソン=ジョーンズ, R. 相川 充(訳)(1993). 思いやりの人間関係スキル——一人でできるトレーニング—— 誠信書房)
岡田 努(1993). 現代青年の友人関係に関する考察 青年心理学研究, **5**, 43-55.
Ridge, A. (1993). A perspective of listening skills. In A. Wolvin, & C. Coakley (Eds.), *Perspectives on listening*. Norwood, NJ: Ablex.
Samter, W. (2003). Friendship interaction skills across the life span. In J. Greene, & B. Burlson (Eds.), *Handbook of communication and social interaction skills*. Mahwah, NJ: Lawrence Erlbaum.
Segrin, C. (1996). The relationship between social skills deficits and psychology problems: A test of a vulnerability model. *Communication Research*, **23**, 425-450.
Segrin, C. (1999). Social skills, stressful life events, and the development of psychosocial problems. *Journal of Social and Clinical Psychology*, **18**, 14-34.
Segrin, C., & Flora, J. (2000). Poor social skills are a vulnerability factor in the development of psychosocial problems. *Human Communication Research*, **26**, 489-514.
Segrin, C., McNelis, M., & Swiatkowski, P. (2016). Social skills, social support, and psychological distress: A test of the social skills deficit vulnerability model. *Human Communication Research*, **42**, 122-137.
柴橋祐子(1998). 思春期の友人関係におけるアサーション能力育成の意義と主張性尺度研究の課題について カウンセリング研究, **31**, 19-26.
Spitzberg, B., & Cupach, W. (2011). Interpersonal skills. In M. Knapp, & J. Daly (Eds.), *The SAGE handbook of interpersonal communication* (4th ed., pp.481-524). Thousand Oaks, CA: Sage.
田中宏二・東野真樹(2003). わが国における「キレる」という現象に関する心理学的研究の動向 岡山大学教育学部研究収録, **124**, 79-85.
東京工芸大学(2012). 全国の大学生コミュニケーション調査〈https://www.t-kougei.ac.jp/static/file/university-student_communication.pdf〉(2018.11.13 閲覧)
渡部麻美(2006). 主張性尺度研究における測定概念の問題——4要件の視点から—— 教育心理学研究, **54**, 420-433.
渡部麻美(2009). 高校生における主張生の4要件と精神的適応との関連 心理学研究, **80**, 48-53.
渡部麻美(2010). 高校生の主張生の4要件と友人関係における行動および適応との関連 心理学研究, **81**, 56-62.
渡部麻美(2018a). 大学生における"コミュニケーション力"イメージと態度との関連 人文・社会科学論集, **35**, 35-49.
渡部麻美(2018b). 社会人における"コミュニケーション力"イメージと態度との関連 対人社会心理学研究, **18**, 155-163.

渡部麻美・松井　豊（2006）．主張性の4要件理論に基づく尺度の作成　筑波大学心理学研究，**32**, 39-47.

コラム1
沼田真美・今野裕之（2014）．成人愛着スタイルとゆるしの関連　パーソナリティ研究，**23**, 113-115.

第3章
Chelune, G. J., Sultan, F. E., & Williams, C. L.（1980）. Loneliness, self-disclosure, and interpersonal effectiveness. *Journal of Counseling Psychology*, **27**, 462-468.
Cozby, P. C.（1973）. Self-disclosure : A literature review. *Psychological Bulletin*, **79**, 73-91.
Derlega, V. J., & Grzelak, M. S.（1979）. Appropriateness of self-disclosure. In G. J. Chelune, et al.（Eds.）, *Self-disclosure*（pp.151-176）. San Francisco : Jossey-Bass.
榎本博明（1993）．自己開示と自己評価・外向性・神経症傾向との関係について　名城大学人間科学研究，**4**, 29-36.
榎本博明・清水弘司（1992）．自己開示と孤独感　心理学研究，**63**, 114-117.
Esterling, B., Antoni, M., Fletcher, M., Marguiles, S., & Schneiderman, N.（1994）. Emotional disclosure through writing or speaking modulates Epstein-Barr virus antibody titers. *Journal of Consulting and Clinical Psychology*, **10**, 334-350.
Franzoi, S. L., & Davis, M. H.（1985）. Adolescent self-disclosure and loneliness : Private self-consciousness and parental influences. *Journal of Personality and Social Psychology*, **48**, 768-780.
Frattaroli, J.（2006）. Experimental disclosure and its moderators : A meta-analysis. *Psychological Bulletin*, **132**, 823-865.
Greenberg, M. A., Wortman, C. B., & Stone, A. A.（1996）. Health and psychological effects of emotional disclosure : A test of the inhibition-confrontation approach. *Journal of Personality and Social Psychology*, **71**, 588-602.
畑中美穂（2003）．会話場面における発言の抑制が精神的健康に及ぼす影響　心理学研究，**74**, 95-103.
畑中美穂（2004）．大学生における発言抑制行動の実態――日誌法による検討――　日本心理学会第68回大会発表論文集，193.
畑中美穂（2005）．発言抑制行動が精神的健康に及ぼす影響――影響過程の検討――　日本心理学会第69会大会発表論文集，242.
畑中美穂（2006）．発言抑制行動に至る意思決定過程――発言抑制行動時の意識内容に基づく検討――　社会心理学研究，**21**, 187-200.
広沢俊宗（1990）．青年期における他人コミュニケーション（I）――自己開示，孤独感，および両者の関係に関する発達的研究――　関西学院大学社会学部紀要，**61**, 149-160.
Ichiyama, M. A., Colbert, D., Laramore, H., Heim, M., Carone, K., & Schmidt, J.（1993）. Self-concealment and correlates of adjustment in college students. *Journal of College Student Psychotherapy*, **7**（4）, 55-68.
Jourard, S. M.（1971a）. *Self-disclosure : An experimental analysis of the transparent self*. New York : Wiley Interscience.
Jourard, S. M.（1971b）. *The transparent self*. New York : Litton Educational Publishing.
　（ジュラード，S. M.　岡堂哲雄（訳）（1974）．透明なる自己　誠信書房）
河野和明（2000）．自己隠蔽尺度（Self-Concealment Scale）・刺激希求尺度・自覚的身体症

状の関係　実験社会心理学研究, **40**, 115-121.
金　吉晴（編）(2001). 心的トラウマの理解とケア　じほう
King, L. A., & Miner, K. N. (2000). Writing about the perceived benefits of traumatic events: Implications for physical health. *Personality and Social Psychology Bulletin*, **26**, 220-230.
Lepore, S. J., & Smyth, J. M. (2002). *The writing cure: How expressive writing promotes health and emotional well-being*. Washington, D. C.: American Psychological Association.
松下智子（2005）. ネガティブな経験の意味づけ方と開示抵抗感に関する研究　心理学研究, **76**, 480-485.
Pennebaker, J. W. (1989). Confession, inhibition, and disease. *Advances in Experimental Social Psychology*, **22**, 211-244.
Pennebaker, J. W. (1990). *Opening up*. New York: Avon.
（ペネベーカー, J. W.　余語真夫（監訳）(2000). オープニングアップ——秘密の告白と心身の健康——　北大路書房）
Pennebaker, J. W. (Eds.) (1995). *Emotion, disclose, and health*. Washington, D. C.: American Psychological Association.
Pennebaker, J. W., & Beall, S. K. (1986). Confronting a traumatic event: Toward an understanding of inhibition and disease. *Journal of Abnormal Psychology*, **95**, 274-281.
Pennebaker, J. W., Colder, M., & Sharp, L. K. (1990). Accelerating the coping process. *Journal of Personality and Social Psychology*, **58**, 528-537.
Pennebaker, J. W., & O'Heeron, R. C. (1984). Confiding in others and illness rate among spouses of suicide and accidental-death victims. *Journal of Abnormal Psychology*, **93**, 473-476.
Smyth, J. M. (1998). Written emotional expression: Effect sizes, outcome types, and moderating variables. *Journal of Consulting and Clinical Psychology*, **66**, 174-184.
Solano, C. H., Batten, P. G., & Parish, E. A. (1982). Loneliness and patterns of self-disclosure. *Journal of Personality and Social Psychology*, **43**, 524-531.
Stanton, A. L., Danoff-Burg, S., Sworowski, L. A., Collins, C. A., Branstetter, A. D., Rodriguez-Hanley, A.,... & Austenfeld, J. L. (2002). Randomized, controlled trial of written emotional expression and benefit finding in breast cancer patients. *Journal of Clinical Oncology*, **20**, 4160-4168.
和田　実（1995）. 青年の自己開示と心理的幸福感の関係　社会心理学研究, **11**, 11-17.

第4章

Fisher, M., & Cox, A. (2009). The influence of male facial attractiveness on women's receptivity. *Journal of Social, Evolutionary, and Cultural Psychology*, **3**, 49-61.
福島知己（2016）. 恋愛の常識と非常識——シャルル・フーリエの場合——　藤田尚志・宮野真生子（編）愛——結婚は愛のあかし？——（pp.101-132）ナカニシヤ出版
Kadushin, C. (2012). *Understanding social networks: Theories, concepts, and findings*. UK: Oxford University Press.
（カドゥシン, C.　五十嵐　祐（監訳）(2015). 社会的ネットワークを理解する　北大路書房）
髙坂康雅（2016）. 日本における心理学的恋愛研究の動向と展望　和光大学現代人間学部紀要, **9**, 5-17.

松井　豊・山本真理子（1985）．異性交際の対象選択に及ぼす外見的印象と自己評価の影響　社会心理学研究, **1**, 9-14.
仲嶺　真（2015）．街中で初対面の男性から話しかけられた女性の判断と対応　心理学研究, **85**, 596-602.
仲嶺　真（2017）．街中で初対面の男性から話しかけられた女性の情報検索過程　認知科学, **24**, 300-313.
越智啓太（2013）．美人の正体――外見的魅力をめぐる心理――　実務教育出版
立脇洋介・松井　豊・比嘉さやか（2005）．日本における恋愛研究の動向　筑波大学心理学研究, **29**, 71-87.
Walster, E., Aronson, V., Abrahams, D., & Rottmann, L. (1966). Importance of physical attractiveness in dating behavior. *Journal of Personality and Social Psychology*, **4**, 508-516.

第 5 章

Arriaga, X. B. (2002). Joking violence among highly committed individuals. *Journal of Interpersonal Violence*, **17**, 591-610.
Arriaga, X. B., Capezza, N. M., & Daly, C. A. (2016). Personal standards for judging aggression by a relationship partner : How much aggression is too much? *Journal of Personality and Social Psychology*, **110**, 36-54.
Arriaga, X. B., Reed, J. T., Goodfriend, W., & Agnew, C. R. (2006). Relationship perceptions and persistence : Do fluctuation in perceived partner commitment undermine dating relationships? *Journal of Personality and Social Psychology*, **91**, 1045-1065.
浅野良輔・五十嵐　祐（2015）．精神的健康・幸福度をめぐる新たな二者関係理論とその実証方法　心理学研究, **86**, 481-497.
Attridge, M., Berscheid, E., & Simpson, J. A. (1995). Predicting relationship stability from both partners versus one. *Journal of Personality and Social Psychology*, **69**, 254-268.
Bui, K. V. T., Peplau, L. A., & Hill, C. T. (1996). Testing the Rusbult model of relationship commitment and stability in a 15-years study of heterosexual couples. *Personality and Social Psychology Bulletin*, **22**, 1244-1257.
Cate, R. M., Levin, C. L., & Richmond, L. S. (2001). Premarital relationship stability : A review of recent research. *Journal of Personal and Social Relationships*, **19**, 261-284.
Drigotas, S. M., Rusbult, C. E., & Verette, J. (1999). Level of commitment, mutuality of commitment, and couple well-being. *Personal Relationships*, **6**, 389-409.
Driscoll, R. (2014). Romeo and Juliet through a narrow window. Commentary and rejoinder on Sinclair, Hood, and Wright (2014). *Social Psychology*, **45**, 312-313.
Driscoll, R., Davis, K. E., & Lipetz, M. E. (1972). Parental interference and romantic love : The Romeo & Juliet effect. *Journal of Personality and Social Psychology*, **24**, 1-10.
Etcheverry, P. E., & Agnew, C. R. (2004). Subjective norms and the prediction of romantic relationship state and fate. *Personal Relationships*, **11**, 409-428.
Etcheverry, P. E., Le, B., & Charania, M. R. (2008). Perceived versus reported social referent approval and romantic relationship commitment and persistence. *Personal Relationships*, **15**, 281-295.
Finkel, E. J., Rusbult, C. E., Kumashiro, M., & Hannon, P. A. (2002). Dealing with be-

trayal in close relationships : Does commitment promote forgiveness? *Journal of Personality and Social Psychology*, **82**, 956-974.
Frank, E., & Brandstätter, V. (2002). Approach versus avoidance : Different type of commitment in intimate relationships. *Journal of Personality and Social Psychology*, **82**, 208-221.
Gere, J., MacDonald, G., Joel, S., Spielmann, S. S., & Impett, E. A. (2013). The independent contributions of social reward and threat perceptions to romantic commitment. *Journal of Personality and Social Psychology*, **105**, 961-977.
Goodfriend, W., & Agnew, C. R. (2008). Sunken costs and desired plans : Examining different types of investments in close relationships. *Personality and Social Psychology Bulletin*, **34**, 1639-1652.
伊藤裕子・相楽順子(2015).結婚コミットメント尺度の作成――中高年期夫婦を対象に―― 心理学研究,**86**, 42-48.
伊藤裕子・相楽順子(2017).児童期の子どもをもつ夫婦の結婚コミットメント――子の存在は離婚を思いとどまらせるか―― 家族心理学研究,**30**, 101-112.
Johnson, D. J., & Rusbult, C. E. (1989). Resisting temptation : Devaluation of alternative partners as a means of maintaining commitment in close relationships. *Journal of Personality and Social Psychology*, **57**, 967-980.
Johnson, M. P. (1991). Commitment to personal relationships. In W. H. Jones, & D. Perlman (Eds.), *Advances in personal relationships* (pp.117-143). London : Jessica Kingsley Publication.
Johnson, M. P. (1999). Personal, moral, and structural commitment to relationships : Experiences of choice and constraint. In J. M. Adams, & W. H. Jones (Eds.), *Handbook of interpersonal commitment and relationship stability* (pp.73-84). New York : Plenum.
Kelley, H. H. (1983). Love and commitment. In H. H. Kelley, et al. (Eds.), *Close relationships* (pp.265-314). New York : Freeman.
Kelley, H. H., Holmes, J. G., Kerr, N. L., Reis, H. T., Rusbult, C. E., & Van Lange, P. A. M. (2003). *An atlas of interpersonal situations*. New York : Cambridge University Press.
Kelley, H. H., & Thibaut, J. W. (1978). *Interpersonal relations : A theory of interdependence*. New York : Wiley & Sons.
(ケリー,H. H.・ティボー,J. W. 黒川正流(監訳)(1995).対人関係論 誠信書房)
Knopp, K., Rhoades, G. K., Owen, J., Stanley, S., & Markman, H. (2014). Fluctuations in commitment over time and relationship outcomes. *Couple and Family Psychology : Research and Practice*, **3**, 220-231.
古村健太郎(2014).恋愛関係における接近・回避コミットメント尺度の作成 パーソナリティ研究,**22**, 199-212.
古村健太郎(2016).恋愛関係における接近・回避コミットメントと感情経験,精神的健康の関連 心理学研究,**86**, 524-534.
古村健太郎(2017).接近・回避コミットメントが恋愛関係における感情経験に与える影響――行為者―パートナー相互依存性調整モデル(APIMoM)による検討―― 実験社会心理学研究,**56**, 195-206.
Kurdek, L. A. (2007). Avoidance motivation and relationship commitment in heterosexual, gay, and lesbian partners. *Personal Relationships*, **14**, 291-306.

Le, B., & Agnew, C. R. (2003). Commitment and its theorized determinants : A meta-analysis of the investment model. *Personal Relationships*, **10**, 37-57.
Le, B., Dove, N. L., Agnew, C. R., Korn, M. S., & Mutso, A. A. (2010). Predicting non-marital romantic relationship dissolution : A meta-analytic synthesis. *Personal Relationships*, **17**, 377-390.
Lemay, E. P. (2016). The forecast model of relationship commitment. *Journal of Personality and Social Psychology*, **111**, 34-52.
Lemay, E. P., Overall, N. C., & Clark, M. S. (2012). Experiences and interpersonal consequences of hurt feelings and anger. *Journal of Personality and Social Psychology*, **103**, 982-1006.
Lydon, J. E. (2010). How to forego forbidden fruit : The regulation of attractive alternatives as a commitment mechanism. *Social and Personality Psychology Compass*, **4**, 635-644.
Lydon, J. E., Burton, K., & Menzies-Toman, D. (2005). Commitment calibration with the relationship cognition toolbox. In M. W. Baldwin (Ed.), *Interpersonal cognition* (pp.126-152). New York : Guilford Press.
Lydon, J. E., Fitzsimons, G. M., & Naidoo, L. (2003). Devaluation versus enhancement of attractive alternatives : A critical test using the calibration paradigm. *Personality and Social Psychology Bulletin*, **29**, 349-359.
Lydon, J. E., & Karremans, J. C. (2015). Relationship regulation in the face of eye candy : A motivated cognition framework for understanding responses to attractive alternatives. *Current Opinion in Psychology*, **1**, 76-80.
Lydon, J. E., Meana, M., Sepinwall, D., Richards, N., & Mayman, S. (1999). The commitment calibration hypothesis : When do people devalue attractive alternative. *Personality and Social Psychology Bulletin*, **25**, 152-161.
Lydon, J. E., Menzies-Toman, D., Burton, K., & Bell, C. (2008). If-then contingencies and the differential effects of the availability of an attractive alternative on relationship maintenance for men and women. *Journal of Personality and Social Psychology*, **95**, 50-65.
Markman, H. J., Stanley, S. M., & Blumberg, S. L. (2010). *Fighting for your marriage* (3rd ed.). San Francisco : Jossey-Bass.
Menzies-Toman, D., & Lydon, J. E. (2005). Commitment-motivated benign appraisals of partner transgressions : Do they facilitate accommodation? *Journal of Social and Personal Relationships*, **22**, 111-128.
Ogolsky, B. G., & Bowers, J. R. (2012). A meta-analytic review of relationship maintenance and its correlates. *Journal of Social and Personal Relationships*, **30**, 343-367.
Ramirez, A. (2008). An examination of the tripartite approach to commitment : An actor-partner interdependence model analysis of the effect of relational maintenance behavior. *Journal of Social and Personal Relationship*, **25**, 943-965.
Rhoades, G. K., Stanley, S. M., & Markman, H. J. (2011). Should I stay or should I go? Predicting dating relationship stability from four aspects of commitment. *Journal of Family Psychology*, **24**, 543-550.
Rusbult, C. E. (1983). A longitudinal test of the Investment Model : The development (and deterioration) of satisfaction and commitment in heterosexual involvements. *Journal of Personality and Social Psychology*, **45**, 101-117.

Rusbult, C. E., Agnew, C. R., & Arriaga, X. B. (2012). The investment model of commitment process. In P. A. M. Van Lange, A. W. Kruglanski, & E. T. Higgins (Eds.), *Handbook of theories of social psychology* (pp.218-231). London : Sage Publication.
Rusbult, C. E., Coolsen, M. K., Kirchner, J. L., & Clarke, J. A. (2006). Commitment. In A. L. Vangelisti, & D. Perlman (Eds.), *The Cambridge handbook of personal relationships* (pp.615-635). New York : Cambridge University Press.
Rusbult, C. E., & Martz, J. M. (1995). Remaining in an abusive relationship : An Investment Model analysis of nonvoluntary dependence. *Personality and Social Psychology Bulletin*, **21**, 558-571.
Rusbult, C. E., Martz, J. M., & Agnew, C. R. (1998). The Investment Model Scale : Measuring commitment level, satisfaction level, quality of alternatives and investment size. *Personal Relationships*, **5**, 357-391.
Rusbult, C. E., & Van Lange, P. A. M. (2003). Interdependence, interaction, and relationships. *Annual Review of Psychology*, **54**, 351-375.
Rusbult, C. E., Verette, J., Whitney, G. A., Slovik, L. F., & Lipkus, I. (1991). Accommodation processes in close relationships : Theory and preliminary empirical evidence. *Journal of Personality and Social Psychology*, **60**, 53-78.
Salis, K. L., Salwen, J., & O'Leary, K. D. (2014). The predictive utility of psychological aggression for intimate partner violence. *Partner Abuse*, **5**, 83-97.
Schoebi, D., Karney, B. R., & Bradbury, T. N. (2012). Stability and change in the first 10 years of marriage : Does commitment confer benefits beyond the effects of satisfaction? *Journal of Personality and Social Psychology*, **102**, 729-742.
Sinclair, H. C., & Ellithorpe, C. N. (2014). The new story of Romeo and Juliet. In C. R. Agnew (Ed.), *Social influence on romantic relationships : Beyond the dyad* (pp.148-170). New York : Cambridge University Press.
Sinclair, H. C., Hood, K. B., & Wright, B. L. (2014). Revisiting the Romeo and Juliet effect (Driscoll, Davis, & Lipetz, 1972) : Reexamining the links between social network opinions and romantic relationship. *Social Psychology*, **45**, 170-178.
Slotter, E. B., Finkel, E. J., DeWall, C. N., Pond, R. S., Jr., Lambert, N. M., Bodenhausen, G. V., & Fincham, F. D. (2012). Putting the brakes on aggression toward a romantic partner : The inhibitory influence of relationship commitment. *Journal of Personality and Social Psychology*, **102**, 291-305.
相馬敏彦・伊藤　言（2017）．相手からのネガティブな行為がポジティブにみえるとき――親密な関係におけるコミットメント・デバイスとしての行為解釈――　日本社会心理学会第58回大会発表論文集，77.
相馬敏彦・浦　光博（2010）．「かけがえのなさ」に潜む陥穽――協調的志向性と非協調的志向性を通じた二つの影響プロセス――　社会心理学研究，**26**, 119-130.
Stanley, S. M., & Markman, H. J. (1992). Assessing commitment in personal relationships. *Journal of Marriage and the Family*, **54**, 595-608.
Stanley, S. M., Rhoades, G. K., Scott, S. B., Kelmer, G., Markman, H. J., & Fincham, F. D. (2017). Asymmetrically committed relationships. *Journal of Social and Personal Relationships*, **34**, 1241-1259.
Strachman, A., & Gable, S. L. (2006). Approach and avoidance relationship commitment. *Motivation and Emotion*, **30**, 117-126.

Tan, K., Arriaga, X. B., & Agnew, C. R. (2017). Running on empty : Measuring psychological dependence in close relationships lacking satisfaction. *Journal of Social and Personal Relationships*, **35**, 977-998.
Tang, C. Y. (2012). Routine housework and tripartite marital commitment. *Personal Relationships*, **19**, 483-503.
Van Lange, P. A. M., Rusbult, C. E., Drigotas, S. M., Arriaga, X. B., Witcher, B. S., & Cox, C. L. (1997). Willingness to sacrifice in close relationships. *Journal of Personality and Social Psychology*, **72**, 1373-1395.
VanderDrift, L. E., Agnew, C. R., & Wilson, J. E. (2009). Nonmarital romantic relationship commitment and leave behavior : The mediating role of dissolution consideration. *Personality and Social Psychology Bulletin*, **35**, 1220-1232.
Wieselquist, J., Rusbult, C. E., Agnew, C. R., & Foster, C. A. (1999). Commitment, pro-relationship behavior, and trust in close relationships. *Journal of Personality and Social Psychology*, **77**, 942-966.
Yovetich, N. A., & Rusbult, C. E. (1994). Accommodative behavior in close relationships : Exploring transformation of motivation. *Journal of Experimental Social Psychology*, **30**, 138-164.

第6章

相羽美幸（2007）．青年の恋愛スキルの探索的検討　日本社会心理学会第48回大会発表論文集，250-251．
相羽美幸（2009a）．日本の雑誌・ホームページにおける恋愛スキルに関わる記述の内容分析　読書科学，**52**, 38-47.
相羽美幸（2009b）．恋愛における問題状況での異性の行動に対する好ましさの評価　日本心理学会第73回大会発表論文集，201．
相羽美幸（2010）．恋愛のスキルを磨く　松井　豊（編）朝倉実践心理学講座　対人関係と恋愛・友情の心理学（pp.73-85）　朝倉書店
相羽美幸（2011）．大学生の恋愛における問題状況の特徴　青年心理学研究，**23**, 19-35.
相羽美幸（2017）．大学生の恋愛における問題状況の構造的枠組みの構築　応用心理学研究，**42**, 234-246.
相羽美幸・松井　豊（2013）．男性用恋愛スキルトレーニングプログラム作成の試み　筑波大学心理学研究，**45**, 21-31.
相川　充（1999）．社会的スキル　中島義明・安藤清志・子安増生・坂野雄二・繁桝算男・立花政夫・箱田裕司（編）心理学辞典（pp.370-371）　有斐閣
相川　充（2000）．人づきあいの技術――社会的スキルの心理学――　サイエンス社
Aron, A., & Aron, E. N. (1986). *Love as expansion of self : Understanding attraction and satisfaction*. New York : Hemisphere.
Aron, A., Norman, C. C., & Aron, E. N. (2001). Shared self-expanding activities as a means of maintaining and enhancing close romantic relationships. In J. H. Harvey, & A. Wenzel (Eds.), *Close romantic relationships : Maintenance and enhancement* (pp.47-66). Mahwah, NJ : Lawrence Erlbaum Associates.
Aron, A., Norman, C. C., Aron, E. N., McKenna, C., & Heyman, R. (2000). Couple's shared participation in novel and arousing activities and experienced relationship quality. *Journal of Personality and Social Psychology*, **78**, 273-284.
Aron, A., Paris, M., & Aron, E. N. (1995). Falling in love : Prospective studies of self-

concept change. *Journal of Personality and Social Psychology*, **69**, 1102-1112.
Aronson, E., & Linder, D. (1965). Gain and loss of esteem as determinants of interpersonal attractiveness. *Journal of Experimental Social Psychology*, **1**, 156-171.
Drigotas, S. M., Whitney, G. A., & Rusbult, C. E. (1995). On the peculiarities of loyalty : A diary study of responses to dissatisfaction in everyday life. *Personality and Social Psychology Bulletin*, **21**, 596-609.
深澤真紀（2007）．平成男子図鑑　リスペクト男子としらふ男子　日経BP社
堀毛一也（1994）．恋愛関係の発達・崩壊と社会的スキル　実験社会心理学研究，**34**, 116-128.
国立社会保障・人口問題研究所（2017）．2015年社会保障・人口問題基本調査　現代日本の結婚と出産――第15回出生動向基本調査（独身者調査ならびに夫婦調査）報告書――国立社会保障・人口問題研究所
髙坂康雅（2011）．"恋人を欲しいと思わない青年"の心理的特徴の検討　青年心理学研究，**23**, 147-158.
森岡正博（2008）．草食系男子の恋愛学　メディアファクトリー
奥田秀宇（1997）．人をひきつける心――対人魅力の社会心理学――　サイエンス社
Overall, N. C., Fletcher, G. J. O., Simpson, J. A., & Sibley, C. G. (2009). Regulating partners in intimate relationships : The costs and benefits of different communication strategies. *Journal of Personality and Social Psychology*, **96**, 620-639.
Overall, N. C., & McNulty, J. K. (2017). What type of communication during conflict is beneficial for intimate relationships? *Current Opinion in Psychology*, **13**, 1-5.
Reissman, C., Aron, A., & Bergen, M. R. (1993). Shared activities and marital satisfaction : Causal direction and self-expansion versus boredom. *Journal of Social and Personal Relationships*, **10**, 243-254.
Rusbult, C. E., Johnson, D. J., & Morrow, G. D. (1986). Impact of couple patterns of problem solving on distress and nondistress in dating relationships. *Journal of Personality and Social Psychology*, **50**, 744-753.
Rusbult, C. E., Zembrodt, I. M., & Gunn, L. K. (1982). Exit, voice, loyalty, and neglect : Responses to dissatisfaction in romantic involvements. *Journal of Personality and Social Psychology*, **43**, 1230-1242.
齊藤　勇（1987）．対人魅力と好人好悪　齊藤　勇（編）対人社会心理学重要研究集2　対人魅力と対人欲求の心理（pp.1-56）　誠信書房
相馬敏彦・山内隆久・浦　光博（2003）．恋愛・結婚関係における排他性がそのパートナーとの葛藤時の対処行動選択に与える影響　実験社会心理学研究，**43**, 75-84.
髙比良美詠子（1998）．対人・達成領域別ライフイベント尺度（大学生用）の作成と妥当性の検討　社会心理学研究，**14**, 12-24.
豊田弘司（2005）．大学生における異性関係スキル　奈良教育大学教育実践総合センター研究紀要，**14**, 5-10.

コラム2

Cornelis, I., Van, H. A., & De Cremer, D. (2013). Volunteer work in youth organizations : Predicting distinct aspects of volunteering behavior from self-and other-oriented motives. *Journal of Applied Social Psychology*, **43**, 456-466.
山本陽一（2018）．ボランティア体験が中学生と高校生のボランティア活動意欲に及ぼす影響　応用心理学研究，**44**, 21-33.

山本陽一・松井　豊（2014）．中高生のボランティア動機，ボランティア活動の援助成果の探索的検討——感想文の内容分析を通して——　筑波大学心理学研究，**47**, 37-45.

第7章

Allen, N. J., & Meyer, J. P.（1990）. The measurement and antecedents of affective, continuance and normative commitment to the organization. *Journal of Occupational Psychology*, **63**, 1-18.

新井洋輔（2004）．サークル集団における対先輩行動——集団フォーマル性の概念を中心に——　社会心理学研究，**20**, 35-47.

新井洋輔・松井　豊（2003）．大学生の部活動・サークル集団に関する研究動向　筑波大学心理学紀要，**26**, 95-105.

Ashford, S., & Nurmohamed, S.（2012）. From past to present and into the future : A hitchhiker's guide to the socialization literature. In C. R. Wanberg（Ed.）, *The Oxford handbook of organizational socialization*（pp.8-24）. New York : Oxford University Press.

Bauer, T. N., Bodner, T., Erdgan, B., Truxillo, D. M., & Tucker, J. S.（2007）. Newcomer adjustment during organizational socialization : A meta-analytic review of antecedents, outcomes, and methods. *Journal of Applied Psychology*, **92**, 707-721.

Becker, H. S.（1960）. Notes on the concept of commitment. *American Journal of Sociology*, **33**, 32-40.

Buchanan, B. H.（1974）. Building organizational commitment : The socialization of managers in work organizations. *Administrative Science Quarterly*, **19**, 533-546.

古川久敬（2011）．組織心理学——組織を知り活躍する人のために——　培風館

Ganzach, Y., Pazy, A., Ohayun, Y., & Brainin, E.（2002）. Social exchange and organizational commitment : Decision-making training for job choice as an alternative to the realistic job preview. *Personnel Psychology*, **55**, 613-637.

橋本剛明・唐沢かおり・磯崎三喜年（2010）．大学生サークル集団におけるコミットメント・モデル——準組織集団の観点からの検討——　実験社会心理学研究，**50**, 76-88.

橋爪裕子・佐藤　裕・高木　修（1994）．サークル集団帰属意識の研究(1)——サークルに対して抱く魅力と帰属意識——　日本社会心理学会第35回大会発表論文集，208-209.

肥田野　直（1982）．大学教育における課外活動の位置づけ　大学と学生，**192**, 11-15.

糸嶺一郎（2013）．新卒看護師のリアリティショックに関する研究の動向と課題——過去20年の文献から——　茨城県立医療大学紀要，**18**, 1-13.

Kammeyer-Muller, J. D., & Wanberg, C. R.（2003）. Unwrapping the organizational entry process : Disentangling multiple antecedents and their pathways to adjustment. *Journal of Applied Psychology*, **88**, 779-794.

黒川光流（2014）．集団活動への参加および自集団評価に及ぼす振り返りの効果　富山大学文学部紀要，**61**, 41-58.

Meyer, J. P., & Allen, N. J.（1987）. *Organizational commitment : Toward a three-component model*. Research Bulletin, 660, The University of Western Ontario, Department of Psychology, London.

三隅二不二（2001）．リーダーシップ行動の科学（改訂版）　有斐閣

Mowday, R. T., Steers, R. M., & Porter, L. W.（1979）. The measurement of organizational commitment. *Journal of Vocational Behavior*, **14**, 224-247.

尾形真実哉（2013）．若年看護師の組織参入心理による組織適応状態の比較分析——リアリ

ティ・ショック，素通り，ポジティブ・サプライズに着目して―― 産業・組織心理学研究, **26**, 155-167.
尾関美喜・吉田俊和（2007）．集団内における迷惑行為生起及び認知――組織風土・集団アイデンティティによる検討―― 実験社会心理学研究, **47**, 26-38.
Phillips, J. M.（1998）. Effects of realistic job previews on multiple organizational outcomes. *Academy of Management Journal*, **41**, 673-690.
労働政策研究・研修機構（2005）．若者就業支援の現状と課題――イギリスにおける支援の展開と日本の若者の実態分析から―― 労働政策研究報告書, 35.
佐々木政司（2006）．新入社員の幻滅経験がその後の組織社会化に及ぼす効果 一宮女子短期大学紀要, **45**, 55-62.
関　豪（2003）．課外活動に関する本学学生の実態について(1) 名古屋文理大学紀要, **3**, 133-146.
髙田治樹（2014）．大学生サークル集団への態度の探索的検討――否定的態度を含めた態度パターンの分類―― 成年心理学研究, **26**, 29-46.
髙田治樹（2017）．サークル集団への入団理由と組織構造との関連 立教大学心理学研究, **59**, 25-40.
髙田治樹（2018）．大学生サークル集団における行事活動の心理的成果の探索的検討 青年心理学研究, **29**, 71-89.
髙田治樹・松井　豊（2018）．大学生サークル集団への態度尺度の改訂および尺度構造の検討 筑波大学心理学研究, **54**, 51-62.
髙木浩人（2007）．大学生の組織帰属意識と充実感の関係(2)――組織による差異の検討―― 愛知学院大学心身学部紀要, **3**, 47-54.
髙橋弘司（1993）．組織社会化研究をめぐる諸問題――研究レビュー―― 経営行動科学, **8**, 1-22.
Wanous, J. P.（1992）. *Organizational entry: Recruitment, selection and socialization of newcomers*（2nd ed.）. Reading, MA: Addison-Wesley.
横山孝行（2011）．大学のサークル支援に関する一考察 東京工芸大学工学部紀要, **34**, 8-14.
全国大学生活協同組合連合会（2013）．第48回学生の消費生活に関する実態調査報告書 CAMPUS LIFE DATA 2012, 全国大学生活協同組合連合会

第8章

荒井貞光（1999）．大学生問題とクラブ文化――クラブ・サークルのアンケート調査から―― 青少年問題, **46**（9）, 10-16.
荒井貞光・迫　俊道（1998）．大学時代のクラブ・サークル経験に関する一考察――社会人のアンケート調査から―― 広島経済大学研究論集, **21**（2・3）, 7-24.
荒井貞光・曽根幹子・山口光明・迫　俊道（1998）．大学生のクラブ・サークルの教育的・社会的効果の研究(1)――社会人と学生の意識の比較から―― 日本体育学会第49回大会号, 172.
新井洋輔（2004 a）．サークル集団における対後輩行動の構造 筑波大学心理学研究, **27**, 29-41.
新井洋輔（2004 b）．サークル集団における対先輩行動――集団フォーマル性の概念を中心に―― 社会心理学研究, **20**, 35-47.
新井洋輔・松井　豊（2006）．対先輩行動の構造の検討――対象となる先輩を特定して―― 筑波大学心理学研究, **32**, 11-19.

広田君美（1963）．集団の心理学　誠信書房
川端雅人（1998）．お茶の水女子大学大学生の課外活動に関する研究——運動クラブについて——　お茶の水女子大学人文科学紀要，**51**, 187-202.
栗原満義（1989）．サークル活動の現状と課題　大学と学生，**288**, 29-32.
松井　豊（1982）．対人行動の発達　詫摩武俊・飯島婦佐子（編）発達心理学の展開（pp.258-278）　新曜社
松井　豊（2010）．対人関係のとらえ方　松井　豊（編）対人関係と恋愛・友情の心理学（pp.1-8）　朝倉書店
三隅二不二（1984）．リーダーシップ行動の科学（改訂版）　有斐閣
Newcomb, T. M. (1950). *Social psychology*. NY : Dryden.
　　（ニューカム，T. M.　森　東吾・萬成　博（訳）（1956）．社会心理学　培風館）
岡澤　宏（1984）．現代学生気質と課外教育の問題について　専修人文論集，**32**, 19-40.
Pugh, D. S., Hickson, D. J., & Hinings, C. R. (1971). *Writers on organizations* (2nd ed.). Harmondsworth : Penguin Education.
　　（ピュー，D. S.　北野利信（訳）（1974）．組織とは何か——諸学説へのアプローチ——　評論社）
齊藤　勇（1990）．対人感情の心理学　誠信書房
高田治樹（2017）．大学生サークル集団への入団理由と組織構造との関連　立教大学心理学研究，**59**, 25-40.
渡邊義行・髙橋雄一（2002）．岐阜大学教育学部学生のサークル所属に関する調査研究　岐阜大学教育学部研究報告（自然科学），**26** (2), 23-31.
結城雅樹・山口　勧（1995）．集団内の長期的衡平——理論的精緻化とその証拠——　日本グループ・ダイナミックス学会第43回大会発表論文集，136-137.
結城雅樹・山口　勧（1996）．年功序列規範の公正性判断の媒介過程——集団内の長期的衡平モデルからの予測の検証——　日本社会心理学会第37回大会発表論文集，296-297.
Yuki, M., & Yamaguchi, S. (1996). Long-term equity within a group : An application of the seniority norm in Japan. In H. Grad, A. Blanco, & J. Georgas (Eds.), *Key issues in cross-cultural psychology*. Lisse, The Netherlands : Swets and Zeitlinger.

コラム3
久村恵子（1999）．経営組織におけるキャリア及び心理・社会的支援行動に関する研究　経営行動科学，**13**, 43-52.
毛呂准子（2010）．上司の部下育成行動とその影響要因　産業組織心理学研究，**23**, 103-115.
日本経営協会（2011）．日本の中間管理職意識調査（2010年）——管理者の役割も，悩みも，目指すテーマも「部下の育成」がトップを占める——　労政時報，**3809**, 118-122.
労働政策研究・研修機構（2007）．経営環境の変化の下での人事戦略と勤労者生活に関する実態調査
労働政策研究・研修機構（2011）．入職初期のキャリア形成と世代間コミュニケーションに関する調査
Stogdill, R. M. (1974). *The handbook of leadership : A survey of theory and research*. Free Press.
山口裕幸（2004）．職場集団におけるリーダーシップ　外島　裕・田中堅一郎（編）産業・組織心理学エッセンシャルズ（増補改訂版, pp.127-157）　ナカニシヤ出版

第9章
松井　豊（2004）．これからへの助言　筑波大学人間総合科学研究科対人心理学演習 2003 年度配付資料（2004.2.19）

コラム 4
松井　豊（1990）．青年の恋愛行動の構造　心理学評論，**33**（3），355-370.
松井　豊（1993）．恋愛行動の段階と恋愛意識　心理学研究，**64**（5），335-342.
松井　豊（編）（1998）．恋愛の心理――データはどこまで恋愛を解明したか――　現代のエスプリ，**368**，至文堂
松井　豊（2016）．恋愛とカップル形成の実証研究　家族療法研究，**33**，171-177.
松井　豊・高本真寛（2018）．心理学における数量化理論第Ⅲ類の利用について　筑波大学心理学研究，**56**，59-66.
立脇洋介・松井　豊（2014）．恋愛　日本児童研究所（監修）平木典子・稲垣佳世子・河合優年・斉藤こずゑ・高橋惠子・山　祐嗣（編）児童心理学の進歩　2014 年版（pp.96-119）　金子書房
若尾良徳・高坂康雅・天野陽一・杉村和美・松井　豊（2012）．恋愛研究の新たな視点――異性交際をしない・できない若者へのアプローチ――　日本心理学会第 76 回大会ワークショップ

人名索引

ア 行
アーガイル（Argyle, M.）　23, 26
相川　充　26, 30, 32, 35, 102, 108
相羽美幸　94, 105, 108, 110, 111
アトリジ（Attridge, M.）　87
荒井貞光　137
新井洋輔　140, 144
アリアガ（Arriaga, X. B.）　86
アルトマン（Altman, I.）　4
アレン（Allen, N. J.）　121, 122
アロン（Aron, A.）　97, 98
アロンソン（Aronson, E.）　97

石井祐可子　34
伊藤裕子　89

ウォルスター（Walster, E.）　64, 66, 67, 72～74, 77

エイムズ（Ames, D.）　34, 35, 39
エチェヴェリー（Etcheverry, P. E.）　84
榎本博明　47

オーヴァオール（Overall, N. C.）　100
岡澤　宏　137
岡田　努　6

カ 行
カーン（Kahn, R. L.）　18
ガナザック（Ganzach, Y.）　128
カムラス（Kammrath, L. K.）　33
川端雅人　136

菊池章夫　26, 28

クノップ（Knopp, K.）　85
クルデック（Kurdek, L. A.）　85

黒川光流　118

ゴールドスタイン（Goldstein, A. P.）　26
コズビー（Cozby, P. C.）　49
コニディス（Connidis, I. A.）　19
古村健太郎　90, 91

サ 行
齊藤　勇　144
サムター（Samter, W.）　24

下斗米　淳　4
ジュラード（Jourard, S. M.）　47
ジョンソン（Johnson, M. P.）　89
シンクレア（Sinclair, H. C.）　85

ストラックマン（Strachman, A.）　89
スピッツバーグ（Spitzberg, B.）　32

セグリン（Segrin, C.）　29～31, 40

相馬敏彦　99

タ 行
高木浩人　122
高田治樹　116, 119, 122, 123, 130～132, 136
ダック（Duck, S.）　14
丹野宏昭　4, 11～16, 20

デイビス（Davis, K. E.）　2

豊田弘司　103

ナ 行
永田良昭　14
仲嶺　真　68～70, 72, 73, 77

人名索引

沼田真美　42

ネルソン=ジョーンズ（Nelson-Jones, R.）
　26

ハ　行
ハーギー（Hargie, O.）　24, 40
バウアー（Bauer, T. N.）　127
橋本剛明　122
畑中美穂　54, 56〜58

ファン・ランゲ（Van Lange, P. A. M.）
　82
フィッシャー（Fisher, M.）　71
フィリップス（Philipps, J. M.）　128
藤井恭子　6
藤本　学　24, 28, 40
フランク（Frank, E.）　89
フロイト（Freud, S.）　6

ベッカー（Becker, H. S.）　121
ペネベーカー（Pennebaker, J. W.）　50, 52
ベラック（Bellak, L.）　6

堀毛一也　103, 105

マ　行
マークマン（Markman, H. J.）　92

マウディ（Mowdy, R. T.）　121
松井　豊　13, 65〜67, 72, 73, 77, 143, 144

メイヤー（Meyer, J. P.）　120
メリル（Merrell, K. W.）　24

ヤ　行
結城雅樹　145

横山孝行　116

ラ　行
ラ・ガイパ（La Gaipa, J. J.）　2
ラズバルト（Rusbult, C. E.）　80, 88, 98〜100

リ（Le, B.）　79
リッジ（Ridge, A.）　24
リトワク（Litwak, E.）　18
リメイ（Lemay, E. P.）　85, 86

レウィンソン（Lewinsohn, P. M.）　29

ワ　行
和田　実　49
渡部麻美　33, 36, 38〜40
渡邊義行　136
ワナス（Wanous, J. P.）　128

事項索引

ア　行
アサーション　33
安定化機能　13

依存性　80
インフォーマル集団　138

カ　行
回避コミットメント　90
カウンターバランス　66
関係回避傾向　6
関係満足度　80

帰属意識　120
気遣い傾向　6

現実的職務予告　128

恋人の制御　100
コミットメント　79
コミットメントの相互循環成長　83
コミュニケーションスキル　24
コンボイ・モデル　18

サ　行
自己開示　4, 45
自己拡張理論　97
社会的コンピテンス　24
社会的浸透理論　4
社会的スキル　24
社会的スキル学習機能　13
社会的ネットワーク　67
剰余変数　66
所属意識　120
身体的魅力　64
心的外傷体験　49
親密化過程　4

親密化過程の段階理論　4

脆弱性モデル　29
接近コミットメント　89
セミフォーマル集団　139

相互依存性理論　80
ソーシャルスキル　24, 102
組織コミットメント　120
組織社会化　127
組織社会化戦術　129

タ　行
対人葛藤解決方略　98
対人スキル　24
対人魅力　96
代替選択肢の質　80

ディセプション　64
ディブリーフィング　65

投資モデル　80
投資量　80
トップダウン・アプローチ　150

ハ　行
筆記開示　52

フォーマル集団　138
文脈　77

ボトムアップ・アプローチ　150

マ　行
群れ傾向　6

メンタリング　147

モデル機能　13

ヤ　行

ヤマアラシのジレンマ　6

友人関係　2
ゆるし　42

予期的社会化　127

ラ　行

リアリティ・ショック　128
リーダーシップ　147

英　字

ENDCORE モデル　24
OCQ　121
Off JT　147
OJT　147

執筆者紹介

＊名前のあとの括弧内は執筆担当章を表す。

【監修者略歴】

松井　豊（コラム4）
まつい　ゆたか

1976年　東京教育大学教育学部卒業
1982年　東京都立大学大学院人文科学研究科博士課程単位取得退学
現　在　筑波大学人間系教授　文学博士

主要編著書

『改訂新版 心理学論文の書き方──卒業論文や修士論文を書くために』
（河出書房新社，2010）
『地域と職場で支える被災地支援──心理学にできること』（共編）
（誠信書房，2016）

【編者略歴】

畑中　美穂（第3，9章）
はたなか　みほ

2000年　筑波大学第二学群人間学類卒業
2005年　筑波大学大学院博士課程心理学研究科修了　博士（心理学）
現　在　名城大学人間学部准教授

主要著書・訳書

『保健と健康の心理学──ポジティブヘルスの実現』（分担執筆）
（ナカニシヤ出版，2016）
『いまさら聞けない疑問に答える心理学研究法のキホンQ&A 100』（訳）
（新曜社，2017）

宇井　美代子
　　　うい　　みよこ

1997 年　東京学芸大学教育学部卒業
1999 年　東京学芸大学大学院教育学研究科修士課程修了
2004 年　筑波大学大学院博士課程心理学研究科修了　博士（心理学）
現　　在　玉川大学文学部准教授

主要編著書

『質問紙調査と心理測定尺度――計画から実施・解析まで』（共編）
（サイエンス社，2014）
『アクティブラーニングで学ぶジェンダー――現代を生きるための 12 の実践』
（分担執筆）（ミネルヴァ書房，2016）

髙橋　尚也
　　　たかはし　なおや

2003 年　筑波大学第二学群人間学類卒業
2008 年　筑波大学大学院博士課程人間総合科学研究科心理学専攻修了
　　　　　博士（心理学）
現　　在　立正大学心理学部対人・社会心理学科准教授

主 要 著 書

『住民と行政の協働における社会心理学――市民参加とコミュニケーションのかたち』
（ナカニシヤ出版，2018）
『質問紙調査と心理測定尺度――計画から実施・解析まで』（分担執筆）
（サイエンス社，2014）

【執筆者】

丹野　宏昭（第1章）　　東京福祉大学心理学部講師
たんの　ひろあき

渡部　麻美（第2章）　　東洋英和女学院大学人間科学部准教授
わたなべ　あさみ

沼田　真美（コラム1）　筑波大学大学院人間総合科学研究科心理学専攻博士後期課程
ぬまた　まみ

仲嶺　真（第4章）　　　高知大学人文社会科学部講師
なかみね　しん

古村　健太郎（第5章）　弘前大学人文社会科学部講師
こむら　けんたろう

相羽　美幸（第6章）　　東洋学園大学人間科学部専任講師
あいば　みゆき

山本　陽一（コラム2）　明星大学心理学部非常勤講師
やまもと　よういち

高田　治樹（第7章）　　目白大学人間学部特任専任講師
たかだ　はるき

新井　洋輔（第8章）　　東京福祉大学心理学部講師
あらい　ようすけ

毛呂　准子（コラム3）　筑波大学人間系客員研究員
もろ　じゅんこ

対人関係を読み解く心理学
——データ化が照らし出す社会現象——

2019年2月10日 ⓒ　　　　初 版 発 行

監修者　松 井　　豊　　発行者　森 平 敏 孝
編 者　畑 中 美 穂　　印刷者　加 藤 文 男
　　　　宇 井 美 代 子　　製本者　米 良 孝 司
　　　　髙 橋 尚 也

発行所　株式会社　サイエンス社
〒151-0051　東京都渋谷区千駄ヶ谷1丁目3番25号
営業 ☎(03)5474-8500(代)　振替 00170-7-2387
編集 ☎(03)5474-8700(代)
FAX ☎(03)5474-8900

印刷　加藤文明社　　製本　ブックアート
《検印省略》

本書の内容を無断で複写複製することは，著作者および出版者の権利を侵害することがありますので，その場合にはあらかじめ小社あて許諾をお求め下さい．

ISBN978-4-7819-1437-4
PRINTED IN JAPAN

サイエンス社のホームページのご案内
http://www.saiensu.co.jp
ご意見・ご要望は
jinbun@saiensu.co.jp　まで．